100 WERDEN

DER DARM
ALS SCHLÜSSEL ZUR GESUNDHEIT

Starkes Immunsystem, gesundes Hautbild
und spürbar mehr Vitalität

LUKE JAQUE-RODNEY

Bibliografische Information der Deutschen Nationalbibliothek.

Die Deutsche Nationalbibliothek verzeichnet diese Publikation in der Deutschen Nationalbibliografie; detaillierte bibliografische Daten sind im Internet über http://dnb.dnb.de abrufbar.

Für Fragen und Anregungen:
info@eulogiaverlag.de

ISBN Hardcover: 978-3-96967-366-9
ISBN eBook: 978-3-96967-365-2

Zweite Auflage 2024

Eulogia Verlags GmbH
Gerhofstraße 1–3
20354 Hamburg

Lektorat: Sandra Pichler
Satz und Layout: Tomasz Dębowski
Umschlaggestaltung: Aleksandar Petrović

100 WERDEN²

DER DARM
ALS SCHLÜSSEL ZUR GESUNDHEIT

Starkes Immunsystem, gesundes Hautbild
und spürbar mehr Vitalität

EULOGIA
VERLAG

INHALT

HINTER DER KAMERA

Cover Foto

Marius Henkel

Hochzeitsfotograf

marius.henkel@gmx.net

Lifestyle Fotos

Victoria Eisenberg

Management Luke Jaque-Rodney

victoriaeisenberg@gmx.de

Food Fotos

Luke Jaque-Rodney

lukejr@gmx.de

You need 3 things:
Passion. Patience. Work ethic.

VORWORT

Luke Jaque-Rodney schafft mit diesem Buch wieder einmal den schwierigen Spagat, die relevanten theoretischen Zusammenhänge auf dem neusten Stand der Wissenschaft darzustellen, ohne den Praxisbezug zu vernachlässigen.

Wer dieses Buch gelesen hat, kann seine Erkenntnisse sofort in den Alltag integrieren, sei es zur Prävention oder zur unterstützenden Basistherapie aller Krankheiten.

Neben zahlreichen schnell und einfach umsetzbaren Rezepten erhält der Leser wertvolle Tipps für die Fallstricke des Alltags. Ebenso werden Themen von besonderer Praxisrelevanz ausführlich erläutert (z. B. Gluten, Reizdarmsyndrom, Sättigung, Süßhunger, Blähungen, Superfoods).

Dieses Meisterwerk eignet sich gleichermaßen für Gesundheitsberufe und Interessierte ohne Vorkenntnisse. Es wird mir zukünftig eine wertvolle Hilfe bei der ganzheitlichen Betreuung meiner Patienten sein, denn der Buchtitel übertreibt nicht: Mit einem gesunden Darm ist es durchaus möglich, die 100 in einem würdigen Zustand zu erreichen!

Dr. med. Thorsten Rarreck
Facharzt für Orthopädie, Sportmedizin, Naturheilverfahren,
ehemaliger Mannschaftsarzt des FC Schalke 04,
seit 25 Jahren in eigener Praxis tätig

INTRO

Wie schwer kann es sein? Wie schwer kann es sein, eine optimal funktionierende Verdauung, eine strahlende Haut und einen gesunden Körper zu bekommen?

Diese Frage stellte ich mir das erste Mal 2013, zu einer gesundheitlich sehr wilden Zeit. Fertignahrung, „Hauptsache Eiweiß" und heiß gebratene Speisen waren mein Alltag. Meine Haut? Rot, unruhig und ständig Pickel. Wenig lebendige Nahrung, eine Hefepilzinfektion und keinerlei pflanzliche Faserstoffe.

Mein Darm? Gestört, tägliche Blähungen und Völlegefühl – egal, was ich aß.

Mein Körper? Zugegeben, im Allgemeinen fühlte ich mich gar nicht so schlecht, was aber wahrscheinlich eher daran lag, dass ich gerade mein Abitur abgeschlossen hatte und das Leben endlich losgehen konnte – so, wie ich es wollte. Vergleiche ich jedoch meinen damaligen allgemeinen Gesundheitszustand mit heute, kann ich dir versichern: An deiner Darmgesundheit zu arbeiten, lohnt sich. Es wirkt sich auf alles positiv aus. Auf alles.

Als Nachfolger des Klassikers „100 werden" hältst du nun den zweiten Teil in deiner Hand: „100 werden 2". Es ist das Ergebnis von mehr als 8 Jahren Recherche zum Thema Darm, Körper und Gesundheit. Alles, was ich gelernt habe, probierte ich selbst an mir aus und übergebe es dir heute mit diesem vollständigen Werk. Ein Werk bestehend aus einem Theorieteil mit exakten, praktischen Tipps und 60 geschmacklich tollen, einfachen Rezepten. Dieses Buch wird dir helfen: für einen gesunden Darm, eine gesunde Haut und einen gesunden Körper.

Danke, dass du mir wieder mal dein Vertrauen schenkst.
Lass uns anfangen, mit „100 werden 2"!
Luke ☺

GESUNDER DARM: DIE 3 BAUSTEINE EINES GESUNDEN MIKROBIOMS

Mikrobiom meint übersetzt Darmflora. Damals ging man davon aus, dass Mikroorganismen wie Bakterien zur Pflanzenwelt gehören, daher auch der Name Flora. Heute wissen wir, dass Bakterien eine eigene Art von Lebewesen sind. Übersetzt bedeutet das, dass dein Mikrobiom eigentlich nicht zu deinem Körper gehört; es ist ein eigenes Ökosystem mit eigener DNA, welches in dir lebt. Du als Besitzer dieses Ökosystems hast demnach die ehrenvolle Aufgabe, dich täglich um dieses autonome, riesige und wichtige Ökosystem zu sorgen.

Dabei hat dein Lebensstil den größten Einfluss darauf, wie gesund oder ungesund dein Mikrobiom ist.[1] Schlafmangel wirkt sich negativ auf das Verhältnis deiner Firmicutes- und Bacteroidetes-Bakterien aus.[2] Befinden sich in deinem Darm überdurchschnittlich viele Firmicutes-Bakterien, steigt das Risiko für Übergewicht, da bis zu 12 % mehr Kalorien aus der Nahrung aufgenommen werden, als wenn das Verhältnis im Gleichgewicht ist.[3] Treibst du regelmäßig Sport, trainierst du nicht nur deine Muskeln, sondern auch das darmeigene Immunsystem. Das reduziert Entzündungen.[4] Aber auch Haustiere, Kinder, eine Beziehung, wie häufig du Sex hast, Stress und sogar dein Wohnort haben Einfluss auf die Zusammensetzung deiner Darmflora.[5]

Dennoch, den größten Einfluss – und deshalb habe ich dir dieses Buch geschrieben – hat die Ernährung. Eine gute Nachricht! Denn mit der wöchentlichen Entscheidung darüber, was in deinem Einkaufskorb landet, hast du einen immensen Einfluss darauf, wie gut es deinem Darm geht.

Um dir dafür eine praktische Hilfestellung zu geben, habe ich für dich die 3 Bausteine eines gesunden Mikrobioms entwickelt.

1. Leinsamen

Wenn du aus diesem Buch nur eine einzige Sache in deinen Alltag integrieren möchtest, dann sollten es Leinsamen sein.

Ich werde niemals aufhören, die Werbetrommel für Leinsamen zu rühren. Leinsamen sollten ab heute deine neue Nummer eins werden. Die in Leinsamen enthaltenen Lignane konnten zeigen, das Brustkrebsrisiko zu senken.[6] Sie enthalten ein wirklich stabiles Aminosäurenprofil[7] (insbesondere L-Arginin und L-Glutamin, beides wichtig für den Darm), ihr Mineralstoffgehalt ist großartig und ihre Wirkung auf deine Darmgesundheit ist fast unübertroffen.

Doch woran liegt das?

Leinsamen bestehen zu ca. 10 % aus Schleimstoffen. Diese Schleimstoffe haben zwei hervorragende Eigenschaften:

1. Durch das Aufquellen vergrößern sie deinen Darminhalt und reizen somit deine Darmwände. Dieser Reiz ist positiv! So wird der Weitertransport der Nahrung beeinflusst und deine Verdauung angeregt.
2. Die Schleimstoffe wirken wie eine Art Schutz und behüten deinen Magen-Darm-Trakt.

Du kannst diesen Schleim sogar relativ leicht nachvollziehen. Vermengst du 1 EL Leinsamen mit 3 EL Wasser in einer kleinen Schale, entsteht nach ein paar Minuten eine gelartige Masse. Dieses Gel ist der Schleim und dieser Schleim ist unglaublich wertvoll.

In größeren Mengen zugeführt kann er sogar deinen Cholesterinspiegel senken.[8] Es ist nur wichtig, zu deiner täglichen Portion Leinsamen auch genügend Wasser zu trinken. Denn der Quellprozess benötigt ausreichend Flüssigkeit, also reines Wasser, ergänzt mit schwarzem Kaffee wie Filterkaffee/Americano oder Usucha Matcha und anderen zuckerfreien Teesorten.

Wie du Leinsamen am besten zubereitest und wie viel du davon am Tag essen solltest, klären wir gleich.

Lass uns vorher aber noch über die löslichen Ballaststoffe sprechen.

Lösliche Ballaststoffe werden durch dein Mikrobiom, also deine Darmbakterien, fermentiert. Sie dienen den Bakterien als Nahrung.

Leinsamen bestehen zu ca. 35 % aus Ballaststoffen, wovon ein Drittel lösliche Ballaststoffe sind – hervorragendes Futter für deinen Darm! Die löslichen Ballaststoffe in Form von Polysacchariden sind auch der Grund für die hervorragende Wasserbindungsfähigkeit in deinem Porridge.

Der Vorteil von Leinsamen ist, dass sie durch diese Fähigkeit dein Stuhlvolumen erhöhen. Wichtig, falls du unter Verstopfungen leidest.[9] Hier sind Flohsamenschalen auch ein hervorragendes Mittel der Wahl. 1 EL Leinsamen oder Flohsamenschalen auf ein großes Glas Wasser mindestens 1 Stunde vor dem Frühstück getrunken, können wirklich gute Abhilfe bei Verstopfung schaffen, ohne dass du in den Chemiebaukasten greifen musst.

Leinsamen zu Fast Food?

Leinsamen haben noch eine andere hervorragend Eigenschaft: Sie können die negativen Effekte von Fast Food zumindest etwas ausgleichen. Klar, keiner snackt Leinsamen zu einem *Kinder Pinguí*, aber zu Weißmehl gegessen gar nicht so unrealistisch, oder? Bei Zucker denken viele an Gummibärchen, *Kinder*-Schokolade und Softdrinks. Aber die Wahrheit ist: Das Brötchen beim Bäcker, Wraps und der selbstgebackene Kuchen mit Weißmehl entfalten 1:1 dieselbe ungünstige Wirkung auf deinen Blutzucker: Er schießt nach oben.

Leinsamen bremsen diesen Ausschlag auf natürliche Weise![10] Die löslichen Ballaststoffe in Leinsamen sorgen dafür, dass der Zucker langsamer ins Blut übergeht. Für die Praxis bedeutet das, dass du ab jetzt deine Pancakes, Waffeln, Brötchen und dein Brot immer mit ein wenig Leinsamen backst. Und wenn du das nächste Mal Burger essen gehst? Na ja, ich habe für so einen Fall immer eine Mini-Tupperdose dabei und wenn gerade keiner schaut, mogle ich meinem Essen einfach eine Handvoll Leinsamen unter.

Leinsamen richtig zubereiten

Leinsamen solltest du im besten Fall geschrotet zu dir nehmen; das sollte mittlerweile kein Geheimnis mehr sein. Am besten schrotest du sie jedoch selbst.

Bereits vorgemahlene Leinsamen im Laden unterliegen in der Regel folgenden Verarbeitungsschritten:[11]

Leinsamen wird gereinigt.
↓
Leinsamen wird geflockt.
↓
Leinsamen wird auf 65 Grad erhitzt.
↓
Leinsamen wird gepresst.
↓
Schadstoffe werden entfernt.
↓
Leinsamen wird getrocknet.
↓
Leinsamen wird vermahlen.

Das ist jedoch nicht weiter schlimm, denn sogar die Behandlung mit Hitze führt dazu, dass sich der Proteingehalt um das 1,7-Fache erhöht! Aber es wird noch besser: Insbesondere wenn du Leinsamen zu Mehl vermahlst, erhöhst du nicht nur den Proteingehalt, sondern die Proteine werden sogar noch besser von deinem Körper aufgenommen![12]

Leinsamen kannst du auf zwei Arten schroten bzw. mahlen. Beide haben ihre Vorteile und ihre Nachteile.

Leinsamen im Mixer mahlen

Leinsamen im Mixer zu vermahlen, geht schnell und ist recht kostengünstig. Das Ganze geht theoretisch schon in einer elektrischen Kaffeemühle für 20 €. Das Problem? Bei der hohen Umdrehungszahl wird recht viel Sauerstoff in die Leinsamen gewirbelt. Das führt natürlich zu einer schnelleren Oxidation, d. h., die Leinsamen werden schneller ranzig. Wenn du deine Leinsamen also im Mixer mahlst, dann gerne so frisch wie möglich. Entweder täglich, kurz vor dem Essen oder ein- bis zweimal die Woche. Am besten lagerst du das Ganze dann luftdicht in Braungläsern in deinem Schrank. Solche Braungläser bekommst du günstig bei *IKEA* oder natürlich online.

Leinsamen in der Flockenquetsche schroten

Leinsamen in der Flockenquetsche frisch zu schroten, ist die Königsklasse. Wieso? Das Ganze ist eine kalte Sache. Keine Hitze, kein Sauerstoff, kein Stress für die Pflanze. Bei einer Flockenquetsche presst du die Samen zwischen den zwei Walzen auseinander; schonender geht es, denke ich, nicht. Um die Leinsamen jedoch schön gründlich zu mahlen, empfehle ich, die Samen zweimal durch die Quetsche laufen zu lassen.

Meine Quetsche findest du wie alles andere hinten in den Bezugsquellen.

2. Bitterstoffe

Deine Zunge ist klug. So erkennt sie, ob ein Lebensmittel süß, sauer, salzig, bitter oder umami schmeckt.

Einen dieser Geschmäcker bekommt unsere Zunge heutzutage dabei leider nicht mehr so oft zu schmecken: bitter.

Woran liegt das? Ein Großteil der Bitterstoffe aus unserem Obst und Gemüse wurde schleichend von der Lebensmittelindustrie herausgezüchtet, um es schmackhafter und süßer für uns zu machen.[13]

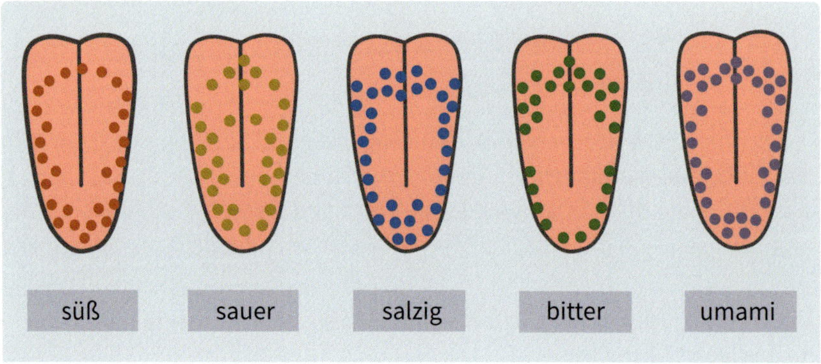

Das ist so schade, denn insbesondere Bitterstoffe sorgen dafür, dass beim Essen mehr Verdauungssekret ausgeschüttet wird, was unsere Darmbeweglichkeit fördert. Auch allgemeine Verdauungsbeschwerden, Pupsattacken nach dem Essen und Sodbrennen können durch mehr Bitterstoffe wieder in den Griff bekommen werden.

Geh ruhig mal in den Supermarkt und hol dir einen Radicchio, Chicorée oder Rucola und beiß hinein. Die meisten dieser Salate schmecken nicht annähernd so bitter, wie sie schmecken sollten.

Dasselbe gilt auch für alle Kreuzblütler wie Brokkoli oder Rosenkohl. Gerade hier ist das Ganze besonders bitter (oder eben auch nicht), denn diese enthalten wahnsinnig gesundheitsfördernde Senfölglykoside, eine Gruppe der sekundären Pflanzenstoffe, welche du vorrangig in Kreuzblütlern findest. Aber auch roher Senf enthält diese Stoffe in nennenswerten Mengen!

Senfölglykoside machen fettiges Essen bekömmlicher, unterstützen die Verdauung und haben allem voran eine großartige, positive Wirkung auf Entzündungswerte in deinem Körper.[14]

Deshalb sind Kreuzblütler in Bio-Qualität in meinen Augen Heilpflanzen. Ein Salat mit Rucola, ein wenig rohem Brokkoli, etwas gebratenem Brokkoli, Avocado, Tofu und Olivenöl-Senf-Dressing ist eine so einfache Mahlzeit, die so viel Positives in deinem Körper bewirkt.

Früher haben wir durch den reichlichen Verzehr von wilden Pflanzen und Kräutern wie Löwenzahn ordentlich Bitterstoffe zu uns genommen, so hatten wir auch gleich eine geballte Ladung Chlorophyll, Ballaststoffe und Mineralstoffe in absoluter Premiumqualität. Da wir heute unser Essen jedoch im Supermarkt jagen und nicht mehr im Wald, möchte ich dir im Folgenden die besten Lebensmittel für Bitterstoffe vorstellen, die du das nächste Mal in deinen Einkaufswagen legen kannst, wobei du einige wahrscheinlich einfacher und in besserer Qualität online findest.

Die besten Lebensmittel für mehr Bitterstoffe

Oliven

Echte Oliven sind so bitter, dass du sie entweder liebst oder hasst. Ich kann mir kaum vorstellen, dass jemand beim Geschmack einer echten Olive sagt: „Joa, geht klar."

Oliven enthalten durch eine bestimmte phenolische Verbindung – dem Oleuropein – eine sehr bittere, intensive Note. Der Bitterstoff Oleocanthal trägt ebenfalls zum intensiven Geschmack bei und ist dafür verantwortlich, dass pures Olivenöl beim Schlucken hinten im Hals kratzt.

Deshalb kaufe ich auch nur noch Olivenöle, die sich pur eingenommen hinten im Hals durch ein schönes Kratzen bemerkbar machen. Die Olivenöle aus Palästina fallen sehr häufig in diese Kategorie.

Aber zurück zu den Oliven: Herkömmliche Oliven werden nicht selten pasteurisiert, also gekocht, und zusätzlich noch entbittert. Natürlich schmecken Oliven noch bitter, aber eben nicht so bitter, wie sie schmecken sollten.

Rohe, nicht entbitterte und am Baum gereifte Oliven hingegen schmecken schön bitter, intensiv und doch recht anders als das, was man sonst so kennt. Ich persönlich finde, die Dinger machen süchtig. Ich habe deshalb immer eine kleine Schale im Kühlschrank, die ich selbst in hochwertigem Olivenöl einlege. Bei Bedarf snacke ich sie einfach so vor dem Essen oder gebe sie zu Salaten, Pasta, Tofu oder Hummus.

Oliven sind dabei ein wirklich tolles Lebensmittel für deine Darmgesundheit. Das können Studien auch recht schön zeigen. Der regelmäßige Verzehr von Oliven(öl) konnte zeigen, die Sekretion im Magen-Darm-Trakt zu erhöhen.[15]

Das hat zwei wichtige Funktionen für unsere Verdauung:

1. **Sekretion der Verdauungssäfte.**
   Das betrifft den Speichel, die Galle und natürlich deinen Magen.
2. **Sekretion von Hormonen und Neurotransmittern zur Steuerung der Verdauung.**
   Das betrifft Hormone wie Gastrin, Sekretin und Transmitter wie Noradrenalin.

Zudem können Bitterstoffe auch deine Darmmotilität erhöhen, einfach gesagt: die Darmbeweglichkeit. Das ist gut, denn letztlich möchte dein Darm, genau wie dein Quadrizeps, regelmäßig bewegt und trainiert werden.

Um ehrlich zu sein, ist es mir egal, wie du Oliven zu dir nimmst. Solange du einen Weg findest, Oliven regelmäßig in deinen Speiseplan zu integrieren, bin ich schon glücklich. Achte nur darauf, dass sie am besten nicht in Sonnenblumenöl eingelegt sind und zu viel Schnickschnack mit sich bringen. Gutes Olivenöl, Steinsalz und ein paar Kräuter sind alles, was eine Olive braucht. Die gesündeste Form, Oliven zu essen, ist die rohe Form.

Rohe, entbitterte Oliven findest du z. B. von *vitaverde* bei *keimling.de*, aber auch die von der Firma *MANI* aus dem Bioladen sind der Hammer. Bei Olivenöl empfehle ich wie gesagt eins aus Palästina; das findest du z. B. fair gehandelt bei *gebana.de* oder das naturtrübe von der Firma *Casolare Bio* im Bioladen. Bei letzterem würde ich jedoch darauf achten, das in der schwarzen Flasche zu kaufen, nicht das in der lichtdurchlässigen Weißglasflasche.

Alternativ kannst du auch das Olivenöl aus meinem eigenen Öl-Sortiment auf *lukejaquerodney.de* bestellen. Alle meine Öle erfüllen höchste Qualitätsstandards.

Bittermelone

Wie du dir denken kannst, sind Bittermelonen keine echten Melonen. Ich frage mich bis heute, warum sie überhaupt so heißen. Bittermelonen erinnern optisch eher an eine extrem fiese Gurke und enthalten, wie der Name bereits sagt, gesundheitsfördernde Bitterstoffe. Da sie vorrangig im asiatischen und afrikanischen Raum gegessen werden, findest du sie nicht in unseren Supermärkten; dafür darfst du die wunderbare Welt der Afro- und Asia-Shops betreten. Neben Kochbananen, höllisch scharfen Chilis, riesigen Avocados und runden, toll geformten Auberginen tummeln sich in den großen Pappkartons auch immer mal wieder Bittermelonen.

Die Bittermelone enthält neben Polyphenolen und Flavonoiden auch Triterpene.[16] Dies sind Pflanzenstoffe, welche du ebenfalls in Pilzen findest. Insbesondere Reishi-Pilze sind hier hervorzuheben, weshalb sie wahrscheinlich auch als „Vitalpilze" bezeichnet werden.

Diese Triterpene wirken nicht nur stark antioxidativ[17] und antiviral[18], sondern sind eine weitere großartige Wunderwaffe für dein Arsenal im Kampf für die Darmgesundheit.

Sie können dir helfen, die guten Darmbakterien zu stärken und allem voran die sulfatreduzierenden Bakterien im Zaum zu halten![19] Das ist wichtig, denn mittlerweile wissen wir, dass zu viele dieser sulfatreduzierenden Bakterien in Verbindung mit Darmerkrankungen stehen. Hast du nämlich zu viele von den Jungs am Start, können atypische, nicht „normgerechte Zellen" entstehen. Diesen Prozess in vollem Detail zu erklären, würde jetzt ein wenig zu weit führen; ich denke aber, du hast die Message verstanden: Bittermelone rein, schlechte Bakterien raus.

Die Wirkung auf Blutzucker & die Zubereitung

Auch für Menschen mit Diabetes Typ 2 oder ganz allgemeinen Blutzuckerproblemen kann die Bittermelone eine tolle, naturbasierte Lösung sein.

Bereits 2 Gramm getrocknete, feinpulverisierte Bittermelone kann deinen Blutzucker signifikant senken. 2 Gramm![20] Ja, die Pillen der Pharma haben zwar noch bessere Effekte gezeigt, dafür musst du dir bei der Bittermelone aber wahrscheinlich keine Sorgen um Nebenwirkungen machen.

Die Zubereitung ist recht einfach: Am besten passt die Bittermelone in etwas Knoblauch angebraten zu Wok-Pfannen mit reichlich anderem Gemüse und Zwiebeln.

Wie auch bei der Aubergine kannst du die Bittermelone im Vorfeld für 10 Minuten in Salz einlegen. Das reduziert die Bitterstoffe etwas. Aber das wäre irgendwie nicht zielführend, oder?

Kakao

Kakaopulver wird aus den Bohnen der Kakaopflanze hergestellt und schmeckt ungesüßt enorm bitter. Ich erinnere mich immer wieder gerne daran, als ich damals in Rio de Janeiro vom Markt eine Kakaofrucht mitgebracht habe. Ich hatte tatsächlich die naive Vorstellung, in der Frucht sind schön intensive, dunkle Kakaonibs drin, die ich direkt snacken kann. Als ich dann die weißen, ungenießbaren Kakaobohnen im Mund hatte, war ich etwas enttäuscht. Na ja, schön sah die Frucht trotzdem aus.

Kakao ist ein großartiges Lebensmittel. Meine Medizin sind Matcha, Kakao und Olivenöl.

Zunächst einmal ist Kakao eins der mineralstoffreichsten Lebensmittel, die unser Planet zu bieten hat. Neben Kupfer, Mangan, Magnesium und Eisen findest du in ihm auch große Mengen an Polyphenolen.[21] Erinnerst du dich an die Grafik aus meinem ersten Buch mit den Polyphenolen? Kakao und dunkle Schokolade waren dort mit Leinsamen ganz oben auf der Liste. Kakao enthält im Durchschnitt sogar doppelt so viele Polyphenole wie wilde Heidelbeeren! Damals habe ich darüber gesprochen, wie wirkungsvoll Polyphenole für dein Immunsystem sind. Heute geht's um das Thema Darm.

Der Mechanismus dabei ist recht simpel: Sobald du Kakao zu deinem Porridge gibst, und es im besten Fall sogar noch mit rohen Kakaonibs, roher Kakaomasse oder sehr dunkler Schokolade toppst, erzielst du in deinem Darm einen präbiotischen Effekt. Das heißt, deine Darmbakterien freuen sich über jeden weiteren Teelöffel Kakao, den du ins Müsli streust.

Was passiert hier genau?

Deine Darmbakterien nehmen den Kakao, fermentieren ihn und werden dadurch stärker. Insbesondere die Bakterienstämme Lactobacillus und deine Bifidobakterien werden dabei gestärkt, während unerwünschte Bakterien wie Clostridium Perfingens reduziert werden.[22] Das ist großartig! Auf der anderen Seite findest du im Kakao weitere bioaktive Stoffe, welche Entzündungen im Darm reduzieren. Gerade wenn du in der Vergangenheit ein paar Gläser Alkohol zu viel getrunken, gerne hochverarbeitetes Fleisch auf den Grill gehauen oder deinen Durst mit Softdrinks gestillt hast, kann Kakao hier wirklich tolle Aufräumarbeiten leisten.

Wichtig ist nur, dass du den Kakao so natürlich wie möglich zu dir nimmst, denn das Verarbeiten der Bohne geht mit immensen Verlusten einher – insbesondere, was die gesundheitsfördernden Pflanzenstoffe angeht.[23] Ballaststoffe, Proteine und die Fettsäuren bleiben dabei aber weitestgehend verschont.

Wenn ich von „so natürlich wie möglich" spreche, meine ich dabei Rohkostqualität. Schokolade, die also schön *slowly and steadily* unter 60 Grad Celsius verarbeitet wurde. Ich weiß, bei Rohkost liegt die Grenze offiziell bei 42 Grad. Das wirst du bei Schokolade aber selten finden, unter 60 Grad ist auch schon super.

Worauf achten beim Kauf?

Worauf du beim Kakaokauf achten solltest, findest du in der nachfolgenden Auflistung, aber lass uns noch mal einen Schritt weiter gehen: Welches Anbaugebiet ist das beste?

Den höchsten Polyphenolgehalt findest du im Kakao oder der Schokolade, die aus Madagaskar kommt.[24]

Der Poylphenolgehalt des Kakaos korreliert dabei mit der allgemeinen antioxidativen Kapazität des Kakaos.[25] Um das Ganze noch mal kurz bei dir aufzufrischen: Umso höher die antioxidative Kapazität eines Lebensmittels ist, umso besser schützt dieses Lebensmittel deine Zellen. Umso besser deine Zellen geschützt sind, umso weniger anfällig sind sie für freie Radikale. Umso weniger anfällig deine Zellen für freie Radikale sind, umso langsamer alterst du auf biologischer Ebene und hältst dich von innen länger jung. 100 werden also. 😉

Deshalb sollten wir reichlich Lebensmittel mit einer hohen antioxidativen Kapazität essen. Dazu zählen wilde Blaubeeren, Matcha, Zimt, Rotkohl, Granatäpfel und eben Kakao.

Zurück zum Ranking.

Auf Platz Nummer zwei liegt Mexiko, gefolgt von Ecuador, Venezuela, São Tomé und Ghana.

Epigallocatechin, ein Flavonoid, welches deinen Matcha, den du immer trinkst, so gesund macht, kommt z. B. in mexikanischem und venezuelischem Kakao fast überhaupt nicht vor, während Gallocatechin nicht in Venezuela und Ghana gefunden wurde.

Von der Marke GEPA findest du im Bioladen z. B. hochwertige 95%ige Schokolade aus São Tomé und auch eine Sorte aus Ecuador. Aufgrund der unterschiedlichen Schwankungen empfehle ich, die Gebiete nach Bedarf durchzumischen.

Generell kannst du dich beim Kauf aber an die folgende Tabelle halten.

Nicht zu empfehlen
Schokolade mit unter 70 % Kakaoanteil
Fertige Trinkschokoladen
Herkömmliche gezuckerte Schokoriegel
Vegane gezuckerte Schokoriegel
Milchschokolade
In Ordnung
Schokolade mit 70 % bis 85 % Kakaoanteil
Herkömmlicher Kakao, ungezuckert
Empfehlenswert
Purer Kakao in Bio-Qualität
Purer, ungerösteter Kakao in Bio-Qualität
Bio-Schokolade, ab 90 % Kakaoanteil
Roh-Schokolade, ab 90 % Kakaoanteil
Kakaonibs, optimalerweise roh
Kakaomasse, optimalerweise roh

Grüner Tee

Wäre ich eine Werbeagentur, dann für die Matcha GmbH oder Wilde Blaubeeren Co. KG.

So richtig schätzen gelernt habe ich Matcha bei meiner ersten Teezeremonie mit Mari in Kyoto.

Mari lud mich in ihr Blockhaus ein und zeigte mir, wie man traditionell Matcha zubereitet und trinkt. Ein unvergessliches Erlebnis. Damals ging ich im *Trasher*-T-Shirt und *Adidas*-Hose zur Zeremonie; heute würde ich mich dann wahrscheinlich doch etwas passender anziehen.

Wie du sicher weißt, ist grüner Tee recht bitter. Matcha hebt das Ganze noch mal auf ein neues Level, denn hier wird das ganze grüne Teeblatt nach einer speziellen Beschattung getrocknet und schonend kalt zu Pulver vermahlen.

Dieses Pulver wird dann traditionell mit ca. 80 Grad heißem Wasser vermengt und in langsamen Schlucken achtsam getrunken. In einigen Zeremonien wird die Matcha-Schale unter mehreren Leuten herumgereicht und geteilt. Das wäre nichts für mich. Das fand ich damals schon beim Gottesdienst nicht so geil.

Aber wie dem auch sei.

Der bekannteste Wirkstoff im Matcha ist das EGCG, das Epigallocatechin-3-Gallat.[26]

Unabhängig von der Darmgesundheit hat EGCG zumindest im Labor gezeigt, unglaublich potent gegen Krebszellen zu wirken.[27] Mit dem Aliciin aus Knoblauch und dem Sulforaphan aus Brokkoli ist es wahrscheinlich eins der drei wirksamsten Pflanzenstoffe gegen Krebs.[28] [29]

Wichtig ist dabei, dass du deinen grünen Tee regelmäßig trinkst, um die gesundheitlichen Folgen zu spüren zu bekommen. Das muss nicht täglich sein, aber drei- bis viermal die Woche wäre schon super.

Auch in Bezug auf die Herzgesundheit fasziniert mich grüner Tee immer wieder. Bereits eine Tasse pro Tag kann dein Risiko, an einem Herzinfarkt zu sterben, um bis zu 20 % senken. Grüner Tee liefert im Übrigen deutlich mehr Antioxidantien als schwarzer Tee, und Matcha-Tee deutlich mehr als herkömmlicher grüner Tee.

Worauf du beim Kauf achten solltest, findest du in der folgenden Grafik.

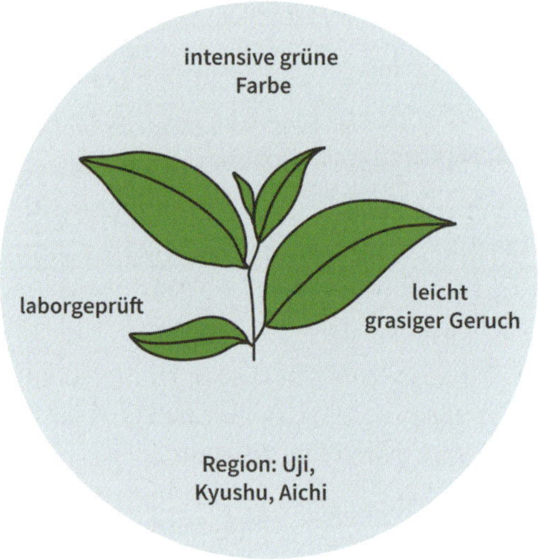

Gruner Tee und die Darmgesundheit

Grüner Tee macht sich vor allem im Dickdarm bemerkbar, wo er sich über deine schlechten Darmbakterien hermacht und das Wachstum der guten fördert. Das Potential, dass grüner Tee beim Abnehmen hilft, ist ebenso recht vielversprechend.[30]

Falls du unter Lebensmittelunverträglichkeiten leidest, darfst du auch hier gerne öfter grünen Tee zu dir nehmen.

Es gibt einen Bakterienstamm namens F. Plautii, welcher sich enorm positiv auf dein Immunsystem auswirkt und Entzündungen, welche als Reaktion auf ein bestimmtes Lebensmittel auftreten können, reduzieren kann. Die gute Nachricht dabei: F. Plautii wird maßgeblich durch die Catechine (ein Antioxidans) im grünen Tee getriggert. Der regelmäßige Konsum von grünem Tee unterstützt den Körper also nicht nur im Allgemeinen bei der Verdauung[31], sondern kann eine wertvolle und gesundheitsfördernde Lösung sein, mit Unverträglichkeiten besser umgehen zu können.[32]

Cranberrys

Cranberrys sind kleine, rote, bittere Beeren. Beeren sind eigentlich meistens bitter und sauer, das verdanken sie ihrem niedrigen Zuckergehalt. Die Beeren, die hingegen in die süße Richtung gehen, sind in der Regel auch die beliebtesten (wie Erdbeeren und Blaubeeren). Wilde Blaubeeren, wilde Brombeeren, schwarze Johannisbeeren und auch Himbeeren hingegen schmecken in der Natur eigentlich eher sauer als süß.

Cranberrys sind hier wieder mal ein Beispiel dafür, wie die Nachfrage das Angebot reguliert.

Wer schon mal rohe Cranberrys probiert hat, weiß, wieso selbst Bioläden immer nur gesüßte Cranberrys anbieten. In diesem Fall ist mir auch egal, ob da Zucker, Apfelsaft, Apfeldicksaft oder Ananassaft drin ist. Zucker ist hier Zucker und der ist mit 20 bis 30 % in der Regel auch recht präsent in getrockneten Cranberrys vertreten. Das zeigt, wie sehr sich die Geschmacksnerven des modernen Menschen geändert haben, dass eine so wundervolle Beere nur in Verbindung mit süßem Saft verzehrt werden kann.

Aber bevor du überhaupt keine Cranberrys isst, nimm ruhig die gesüßte Variante. Gerade wenn du dazu reichlich ballaststoffreiches Vollkorngetreide, Obst, Samen und Nüsse isst, fällt das Ganze sowieso nicht wirklich ins Gewicht, denn in den Genuss von Cranberrys solltest du unbedingt kommen.

Cranberrys sind reich an **A-Proanthocyanidinen,** einem Polyphenol, welches verhindern kann, dass sich unerwünschte Bakterien in deinem Dam absetzen. Es wird aber noch besser. Der regelmäßige Konsum von Cranberrys – oder auch Cranberrysaft – kann helfen, Infektionen im Magen-Darm-Trakt deutlich zu reduzieren![33] Auch E. Coli, ein Bakterium, das zu Durchfall und anderen unschönen Problemen führen kann, kann durch regelmäßigen Cranberrykonsum unter Kontrolle gehalten werden.[34] Bitter ist *better*!

Markus Rothkranz, ein Typ in den 60ern, Ernährungsguru und in gewisser Weise auch Vorbild von mir hat mal gesagt: „The reason why Cara and I still look so good? We eat the bitter stuff!"

Probier einfach mal, in der nächsten Zeit bewusst darauf zu achten, bei jeder Mahlzeit Bitterstoffe in höchster Qualität zu dir zu nehmen – dein gesamter Körper wird Freudensprünge machen. Keine Sorge, du wirst hier im Buch noch einige weitere Lebensmittel kennenlernen, die du in deine Ernährung einbauen kannst.

Cranberrys: Das beste Anti-Aging-Lebensmittel?

In einer recht schönen Untersuchung wurden 24 Obstsorten auf ihre antioxidative Kapazität getestet, um herauszufinden, welche den höchsten Zellschutz bietet. Es wurden nur solche Sorten untersucht, welche wir gewöhnlicherweise verzehren;

exotische Topstars wie die Maqui-Beere oder Açaí waren hier also nicht vertreten. Den ersten Platz belegte dabei?

Die Cranberry.[35]

Das belegt wieder, dass keine Obstgruppe so potent in puncto Anti-Aging ist wie Beeren. Deshalb auch meine tägliche Regel „Violett & Grün". Morgens violette Lebensmittel, abends grüne Lebensmittel. Eine vollständige Liste von *violett & grün* findest du in meinem ersten Buch auf Seite 261.

Ungesüßte, ganze und getrocknete Cranberrys findest du z. B. bei *Drmetz.de*.

Ganze Orangen & Zitronen

Mein Tipp: Kauf dir richtig gute Bio-Orangen, wasch sie gründlich ab und hau sie ungeschält mit Ingwer, Kurkuma und einem guten Schluck Yaconsirup in deinen Mixer. Wer mag, gibt noch ein paar Eiswürfel dazu.

Wieso das Ganze? Yacon, Kurkuma und Ingwer sind hervorragende Lebensmittel, klar. Aber wieso die Orange?

Dafür müssen wir einen Schritt zurückgehen. Wenn du meine Videos auf Instagram schaust, hörst du mich regelmäßig darüber sprechen, dass Pektin so gesund für deinen Darm ist. Herkömmliche Quellen wie Birnen und insbesondere alte Apfelsorten sind hier recht schöne Quellen, die man einfach in seine Ernährung integrieren kann. Auch Bananen, Pfirsiche, Möhren und sogar Erbsen sind gut.

Noch besser als die genannten Quellen? Guaven! Die bekommst du am besten in Afro-Shops. Frag aber vorher nach, ob sie schön reif sind, ansonsten schmecken sie wie eine unreife, steinige Avocado. Nun aber zu den Orangen: Sowohl Orangenschalen als auch ganze Zitronen liefern mehr als dreimal so viel Pektin wie Guaven. Oder noch dramatischer: 100 g Orangenschale liefert bis zu mehr als 11-mal so viel Pektin wie die gleiche Menge Apfel und bis zu 9-mal so viel Pektin wie eine Banane.[36]

Bei Orangen solltest du, wenn möglich, immer auf Bio-Qualität achten, da die Schale ansonsten recht viele Pestizide enthalten kann. Vicky und ich holen unsere Orangen bei Ceu Da Terra. Tatjana und ihre Mum leisten eine unglaublich wundervolle Arbeit. Sie versenden sonnengereifte Früchte aus Portugal direkt zu einem nach Hause. Die Energie im Raum, wenn diese Früchte bei uns in der Küche liegen, ist Wahnsinn. So leckere Früchte habe ich im Leben selten gegessen.

Klar, mit Schale schmecken sie deutlich bitterer als ohne, aber das ist genau das, was wir wollen.

Manchmal haut mir das Ganze morgens aber auch zu sehr rein, dann schäle ich die Orange zur Hälfte und esse nur einen Teil der Orange mit Schale. Den Teil, den du nicht verwendest, kannst du fein raspeln und ins Porridge oder in Gebäck geben.

Dann hast du einen wirklich tollen Ersatz für die fertigen „Orangenabriebe" aus dem Supermarkt.

Orangen solltest du wirklich häufiger essen.

Ich habe noch zwei weitere Gründe für dich, die ich dir gerne präsentieren würde.

Erstens, klar: Vitamin C.

Es gibt zwar deutlich bessere Vitamin-C-Quellen als Orangen (siehe nachfolgende Tabelle), aber eine Sache wird bei dieser Auswertung häufig nicht bedacht: Wie viel kannst du von dem Lebensmittel essen?

Denn für die meisten ist es deutlich einfacher, täglich 200 g Orangen als 200 g Brokkoli, Grünkohl oder Paprika zu essen.

Was mir an Orangen zudem gut gefällt, ist, dass bei regelmäßigem Verzehr dein Vitamin-C-Gehalt im Blutplasma auch noch nach 7 bzw. 14 Tagen signifikant erhöht ist. Bei Rauchern fallen die Effekte sogar noch positiver aus.[37]

Um diesen Effekt zu erzielen, müsstest du pro Woche ca. 6 Orangen essen. Da hast du sogar noch Platz für einen *cheat day*. Da du aber wahrscheinlich auch noch regelmäßig Brokkoli, Erdbeeren, Spinat, Paprika und Tomaten isst, bin ich mir sicher, dass deine Vitamin-C-Werte auch mit nur fünf Orangen pro Woche auf einem Top-Level sind.

Letztlich gibt's noch was wirklich Spannendes zum Thema Darmgesundheit, das du wissen solltest.

Wo gehobelt wird, fallen Späne. Dasselbe gilt auch für deine Darmbakterien. Sobald sie aktiv werden, fallen Stoffwechselprodukte an. Eins davon nennt sich Trimethylamin. Dieses Trimethylamin – oder einfach gesagt TMA – wird in deiner Leber oxidiert, sodass das Trimethylamin-N-Oxid (TMAO) entsteht. Dieses TMAO kann in deinem Blut nachgewiesen werden und wurde von Wissenschaftlern aus Cleveland in Zusammenhang mit Blutgerinnung gebracht. Die Folge? Umso höher deine TMAO-Werte, umso höher ist das Risiko, an einem Herzinfarkt zu erkranken.[38]

Auch dein allgemeines Sterblichkeitsrisiko kannst du um bis zu 50 % reduzieren, wenn du deine TMAO-Werte unter Kontrolle hast.[39]

Die gute Nachricht ist, dass genau hier deine Orangenschalen ins Spiel kommen. Orangenschalen (dasselbe gilt auch für andere Zitrusfrüchte) können durch eine positive Umstrukturierung deiner Darmbakterien die TMAO-Werte in deinem Blutplasma deutlich senken. Für alle Teetrinker: Oolong-Tee hat hier ähnlich positive Wirkungen gezeigt.[40]

Grund dafür sind die in beiden Lebensmitteln enthaltenen Flavonoide, eine Untergruppe der Polyphenole, womit ich dich mehrmals die Woche in meinen Instagram-Videos nerve. ☺

„… deshalb solltest du unbedingt mehr Polyphenole essen."

LUKE

Mach dir doch diese Woche einfach mal folgenden Smoothie: 1 Bio-Orange (zur Hälfte geschält), ein paar Händevoll Spinat, eine schön reife Dattel und ein Stück Ingwer. Noch ein paar Eiswürfel und/oder Flüssigkeit dazu, ein Schuss Leinöl, damit die fettlöslichen Vitamine gut aufgenommen werden, und fertig.

Vitamin-C-Gehalt herkömmlicher* Lebensmittel pro 100 g.[41]

	+++ Vitamin C Superfoods
1800 mg	Camu-Camu-Beere
1300 mg	Acerola-Kirsche
1200 mg	Kakadu-Pflaume
1000 mg	Sanddorn
420 mg	Hagebutte
	++ Sehr gute Vitamin-C-Quellen
120 mg	Paprikaschoten
115 mg	Brokkoli
112 mg	Rosenkohl
69 mg	Blumenkohl
63 mg	Kohlrabi
62 mg	Erdbeeren
	+ Gute Vitamin-C-Quellen
53 mg	Zitronen
51 mg	Spinat
50 mg	Orangen
47 mg	Weißkohl
46 mg	Kiwi
44 mg	Grapefruit
	Mittelmäßige Vitamin-C-Quellen
36 mg	Johannisbeeren
32 mg	Mandarinen
27 mg	Radieschen
25 mg	Himbeeren
25 mg	Tomaten
24 mg	Leberkäse
	- Schlechte Vitamin-C-Quellen
12 mg	Apfel
8 mg	Gurke
7 mg	Linsen
3 mg	Haselnüsse
0 mg	Reis
0 mg	Lachs
0 mg	Olivenöl
0 mg	Rinderfilet

Löwenzahn

Vor ein paar Monaten war ich in Vietnam und habe in einem wundervollen DELI namens KASHEW ein traumhaftes Panini mit Käse aus fermentierten Cashews gegessen, wahnsinnig lecker. Das Café ist in einem wundervollen kleinen Mini-„Park" gelegen. Ringsherum findest du stilvolle Cafés, liebevolle Bekleidungsgeschäfte, einen wahnsinnig tollen Home-Decor-Laden und das neu eröffnete „Dandelion" – ein kleiner Laden, welcher Sommerrollen mit rotstängligem Löwenzahn und schwarzem Reis anbietet. Sommerrollen sind ein sowieso schon sehr leichtes, erfrischendes und meist auch recht gesundes Gericht. Der Löwenzahn bringt das Ganze jedoch noch mal auf ein neues Level.

Löwenzahn bekommst du fast überall. Nein, ich meine damit nicht *REWE*, *Denns* oder *LIDL*. Ich meine damit deinen Garten, das Waldstück nebenan oder euren Stadtpark. Auch wenn viele Löwenzahn als Unkraut sehen, kannst du das ganze Ding zu dir nehmen. Blüten, Stängel, Blätter; und sogar die Wurzel kann geröstet und vermahlen werden und schmeckt ähnlich wie Kaffee.

Unabhängig von seinen Bitterstoffen ist Löwenzahn eine absolute Nährstoffbombe. Generell kannst du dir merken, dass wilde Pflanzen beinahe ausnahmslos nährstoffreicher sind als gezüchtete. Das liegt daran, dass ihre Wurzeln um einiges tiefer in die Erde gehen und sie letztlich auf sich alleine gestellt sind. Kein Gewächshaus, keine Pestizide, kein Schutz. Das macht sie groß, stark und nährstoffreich.

Neben Vitamin A, C, Kalzium und Mangan findest du im Löwenzahn vor allem die Carotinoide Lutein und Zeaxanthin, beide enorm wichtig für deine Augen.[42]

Aber was hat Löwenzahn mit unserem Darm zu tun?

Im Löwenzahn findest du unzählige Substanzen wie Taraxerol (vor allem in der Wurzel), Cichoriensäure (in den Blättern (findest du auch in Basilikum)), Luteolin, Inulin und β-Sitosterol. Letzteres ist wichtig für das Gleichgewicht deiner Hormone und kommt ebenfalls in Weizenkeimöl und in geringeren Mengen auch in Pekannüssen und Avocados vor.

All diese Stoffe führen zu der stark antibakteriellen Wirkung vom Löwenzahn[43], hervorragend für ein positives Gleichgewicht deiner Darmbakterien.

Wie alle anderen bereits genannten Lebensmittel mischt sich auch der Löwenzahn recht angenehm in unseren Darm ein und sorgt für eine Reihe positiver Effekte.

Wer zum Beispiel Probleme mit Sodbrennen, Gastritis (Magenschleimhautentzündung), Dünndarmgeschwüren, Hefepilzen wie Candida[44] oder Pankreatitis (Entzündung der Bauchspeicheldrüse) hat, sollte unbedingt mal öfter Löwenzahn probieren.[45]

Wenn du jetzt so was sagst wie: „Luke, ich habe aber keine Lust, die Pflanzen draußen suchen zu gehen"; kannst du dir auch einfach ein richtig gutes Pulver im Internet bestellen.

Falls du deinen Joghurt nicht selbst herstellen möchtest, empfehle ich die von der Marke *Schrozberger* (auch Kefir) aus dem Bioladen, *Paul Söbbeke* oder *Andechser*. *Andechser* gibt ihren Joghurts sogar dreimal länger Zeit zu reifen. Stellt sich nur die Frage: Wie viel Zeit hatten sie vorher?

Am besten fragst du einfach immer per Mail nach, so mache ich es auch. Gerade im Biobereich bekommt man meistens auch eine ehrliche Antwort.

So war die Antwort auf meine Frage an die *tempehmanufaktur*, wie gesund denn ihr Tempeh für den Darm ist, ungefähr so: „Also unser Tempeh wird probiotisch gesehen nicht viel im Darm anrichten. Es geht eher darum, dass die Sojabohne durch die Fermentation deutlich bekömmlicher wird und Nährstoffe besser aufgenommen werden können."

Es gibt also gerade im Bioladen schon echt gute fermentierte Produkte. Auch das fermentierte Gemüse der Firma *completeorganics* ist toll. Ich mag die Sorte mit Rote Bete sehr gerne. Gibt's sogar, meine ich, mittlerweile im *REWE*.

Dennoch möchte ich dich dazu ermutigen, deine fermentierten Produkte selbst herzustellen. Ich helfe dir dabei gerne.

Joghurt selber machen

Ich bin kein Fan davon, dir eine halbe Anleitung zu geben, wo du dann losziehen kannst und dir die Marken mühsam raussuchen musst. Deshalb bekommst du hier eine genaue Anleitung sowie alle Marken und Produkte, wie ich sie nutze. Das ist natürlich nicht die einzige Methode; Vicky und ich fahren damit aber sehr gut.

Dein Superjoghurt

Als Erstes brauchst du einen Fermenter. Wir nutzen den von der Marke *kuvings*; der kostet bei *keimling* aktuell ca. 150 €. Ein tolles nächstes Geburtstagsgeschenk; das Teil lohnt sich!

Mit dem Gerät kannst du die Zeit und Temperatur variabel einstellen, sodass du genau kontrollieren kannst, wie lange und bei welcher Wärme du deine Bakterienstämme züchten möchtest.

Dann benötigst du eine gute Sojamilch in Bio-Qualität. Wir nehmen die von *Hofgut Storzeln* aus dem Bioladen – ist die beste, die ich kenne. Achte zusätzlich darauf, dass die Milch ungesüßt ist und das Soja im Optimalfall aus Frankreich, Österreich oder sogar Deutschland kommt. Wenn du Milch verwenden möchtest, wäre Rohmilch die Königsklasse. Alternativ kannst du aber auch Kokosmilch oder Mandelmilch nehmen, wobei Sojamilch schon besser klappt. Wenn du Kokosmilch verwendest, dann nicht die aus dem Pappkarton mit Stabilisatoren und sonstigem Kram, sondern die aus der Dose mit nichts weiter als Kokosmark und Wasser. Eventuell wirst du zusätzlich etwas Guarkernmehl oder Stärke nehmen müssen.

mich ein ganzer Feto-Block, getoppt mit reifer Avocado in Zwiebelgranulat und Zitronensaft mariniert, frischen Feigen aus der Saison, ein paar Walnüssen, Steinsalz und ordentlich Olivenöl. Unglaublich lecker. Feto bekommst du im Bioladen.

Käse

Bei Käse – bzw. generell Milchprodukten – empfehle ich, wenn möglich, Produkte mit A2-Casein.

Gerade unfermentierte A1-Casein-Milchprodukte können langfristig einen großen Schaden im Darm anrichten. Die Zeiten vom Märchen der gesunden Kuhmilch aus den Alpen sollten langsam ein Ende nehmen.

Bei Parmesan solltest du den originalen Parmigiano Reggiano nehmen. Eine Alternative wäre Pecorino Romano, welcher immer aus Schafsmilch gemacht wird. Schafsmilch enthält immer A2-Casein.

Mozzarella solltest du meiden, Büffelmozzarella ist okay. Schafskäse enthält ebenfalls A2-Casein, genau wie auch Feta, welcher in der Regel aus Schafsmilch und Ziegenmilch hergestellt wird.

Miso

Miso wird anders als Sojasoße mithilfe von A. Oryzae hergestellt. A. Oryzae ist ebenfalls ein Schimmelpilz und kann Entzündungen im Darm reduzieren. Wann immer du Miso nutzt, empfehle ich folgende Vorgehensweise: Miso-Paste mit warmem (nicht heißem) Wasser in einer separaten Schale auflösen und erst zum Schluss zur Mahlzeit geben. So wird die Paste nicht die ganze Zeit mitgekocht und die Bakterienstämme kommen noch lebend in deinem Darm an.

Für wen fermentierte Lebensmittel nicht geeignet sind

Falls du an einer Histaminintoleranz oder SIBO leidest, solltest du fermentierte Lebensmittel zunächst meiden. Siehe hierzu das Kapitel ab Seite 81.

Gemüse einfach fermentieren

Gemüse zu fermentieren, ist denkbar einfach. Alles, was du brauchst, sind dein Lieblingsgemüse, gutes Wasser, Salz und ein großes Glas mit Schraubverschluss.

Schritt 1: Fülle das Glas mit ausreichend Wasser und gib das Salz hinzu. Verrühre beides mit einer sauberen Gabel. Pro 1 Liter Wasser empfehle ich ca. 1 bis 2 EL Salz.

Schritt 2: Gib das Gemüse deiner Wahl ins Glas. Bei Bedarf kannst du noch Kräuter, Knoblauch, Gewürze oder Essig (ich nehme gerne Balsamico) hinzufügen.

Schritt 3: Vermische das Gemüse gründlich mit dem Salz.

Schritt 4: Das Gemüse sollte vollständig mit Wasser bedeckt sein. Idealerweise legst du einen schweren Gegenstand wie einen Stein auf das Gemüse, sodass es immer bedeckt bleibt.

Schritt 5: Verschraub das Glas und lass dein Gemüse für mindestens 2 Tage in deiner Küche stehen. Das Glas muss nicht in den Kühlschrank, sollte aber vor Licht geschützt werden.

Schritt 6: Sobald dein Gemüse fertig fermentiert ist, kannst du es im Kühlschrank lagern. Das stoppt die Fermentation.

BALLASTSTOFFE: DIE BESTEN LIEFERANTEN

Das Thema Ballaststoffe habe ich in meinem ersten Buch bereits behandelt, deshalb möchte ich mich hier ungern wiederholen.

Kurz zur Wiederholung für dich: Lösliche Ballaststoffe dienen deinen Darmbakterien als Nahrung. Unlösliche Ballaststoffe unterstützen deinen Darm bei der Entleerung und erhöhen das Stuhlvolumen. So sind Leinsamen hervorragend, um deine Darmbakterien zu ernähren, während Weizenkleie die Entleerung des Darms beschleunigt und das Volumen erhöht.

In diesem Kapitel verrate ich dir die besten Ballaststoffquellen, die du zu dir nehmen kannst. Integriere sie ab heute gerne in deinen Speiseplan – wann du willst, sooft du willst. Lass uns anfangen.

Hülsenfrüchte

Hülsenfrüchte sind ein großartiges Präbiotikum! Kidneybohnen, schwarze Bohnen, weiße Bohnen (liebe ich im Curry!), Kichererbsen, Erbsen und auch Linsen liefern wertvolle Galactooligosaccharide, kurz gesagt GOS.[49]

Ballaststoffgehalt* ausgewählter Hülsenfrüchte pro 100 g.

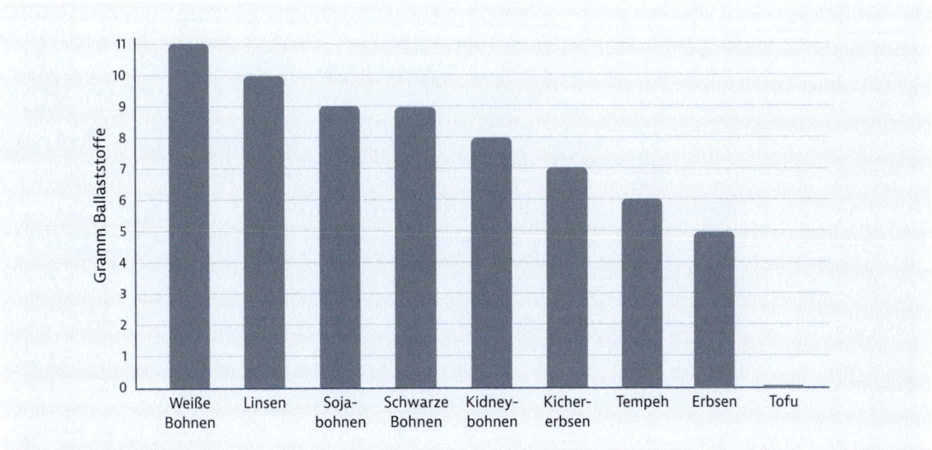

* aufgerundet

Linsen, Sojabohnen und weiße Bohnen liefern am meisten Ballaststoffe, gefolgt von Kidneybohnen, Kichererbsen und Erbsen. Tofu ist keine gute Quelle, Tempeh hingegen schon.

Auch Hummus ist eine wertvolle Ballaststoffquelle, denn hier kommt noch die Sesampaste mit ca. 15 g Ballaststoffen pro 100 g und Olivenöl hinzu. Zum Olivenöl später mehr, da freue ich mich jetzt schon drauf.

Anbei eine Tabelle für dich zum Nachschlagen.

Grüne Bananen und Kochbananen

In diesem Moment, in dem ich diese Zeilen schreibe, befinde ich mich in Ben Tre, Vietnam. Ich sitze mitten im Nirgendwo in einem Zen-Stil-Haus und schreibe dieses Buch. Umgeben von nichts als einem Fluss, einer Handvoll Nachbarn, Kokospalmen und ... Bananenpflanzen. Die meisten davon grün.

Hast du schon mal eine grüne Banane oder Kochbanane gegessen? Das Ganze fühlte sich wahrscheinlich falsch an. Ist es theoretisch auch. Grüne Bananen enthalten ca. 10 Gramm Ballaststoffe und jede Menge resistente Stärke. Sie wird deshalb resistente Stärke genannt, da wir Menschen sie nicht verdauen können. Sie muss also von unseren Darmbakterien fermentiert werden und füttert somit deine guten Darmbakterien. Hervorragend!

Sobald deine Darmbakterien fertig mit dem Essen sind, produzieren sie kurzkettige Fettsäuren, insbesondere Buttersäure. Umso mehr Buttersäure, umso besser, denn diese hat gezeigt, nicht nur Entzündungen im Darm zu reduzieren,[50] sondern auch dein Darmkrebsrisiko zu senken.[51]

Wird Buttersäure im Darm nicht mehr benötigt, erfüllt sie im Blut ebenfalls tolle Aufgaben wie das Senken des Blutzuckerspiegels, das Erhöhen der Mineralstoffaufnahme sowie das Regulieren deiner Insulinsensitivität.[52]

Du musst dafür nicht die ganze Banane essen und versuch erst gar nicht, sie zu schälen. Schneid sie einfach längs in der Mitte auf und löffle etwas aus ihr heraus. 1 bis 2 EL täglich sind schon super für den Start. Lagern solltest du die Banane im Kühlschrank.

Wahnsinn, da bekommen grüne Bananen auf einmal einen ganz anderen Ruf.

Kokosnüsse, Pekannüsse, Walnüsse & Macadamia

Mein Nusskonsum ist hoch, deiner auch? Es gibt für mich nichts Besseres als eine Medjool-Dattel aus Frischwasseranbau, italienisches Haselnussmus, 100%ige Schokolade und eine Pekannuss on top!

Nüsse sind reich an Polyphenolen mit präbiotischen Eigenschaften.[53] Das gilt für alle Nüsse, aber insbesondere diese vier sind, wie ich finde, die besten.

Um die Effekte wirklich spüren zu können, solltest du schon um die 50 g Nüsse zu dir nehmen. Mandelmehl oder weißes Mandelmus zählen nicht dazu, denn die

Schale liefert ebenfalls wertvolle präbiotische Eigenschaften. Das heißt natürlich nicht, dass weißes Mandelmus ungesund ist, aber nimm das Lebensmittel, wenn möglich, immer mit Schale.

Klingen mindestens 50 Gramm Nüsse für dich viel? Schau mal, so mache ich es meistens.

Ins Porridge gebe ich um die 30 g Pekannüsse, manchmal auch Macadamien oder Walnüsse. Meine Milch fürs Porridge mache ich mit 30 g Walnussmus, Zimt, einer Dattel und 250 ml Wasser. Abends esse ich als Nachtisch die erwähnte Dattel, oft auch mit Kokosmus anstelle von Erdnussmus. Falls ich morgens die herzhaften Rezepte aus diesem Buch frühstücke, streue ich dennoch immer eine Handvoll Walnüsse oder Pekannüsse darüber; diese passen beinahe zu jedem Gericht.

Kokosmus ist neben Paranüssen eine hervorragende Quelle für Selen[54], Macadamianüsse haben für eine Nuss ein recht günstiges Omega-3-zu-Omega-6-Verhältnis[55], Pekannüsse erhöhen deine antioxidative Kapazität und senken dein LDL-Cholesterin[56] und das Omega-3 aus Walnüssen fördert das Wachstum deiner guten Darmbakterien wie Lactobacillus, Ruminococcaceae und Roseburia, während unerwünschte Bakterien wie Bacteroides verdrängt werden.[57]

Für alles findest du hinten in den Bezugsquellen die Links zu den Nüssen und Nussmusen, die ich nutze.

Pilze

Ich errinere mich immer gerne daran, wie ich mit Vicky in Südafrika auf einem Food-Markt war und wir zusammen Pilz-Biltong entdeckten. Falls du nicht weißt, was das ist, Pilz-Biltong ist die vegetarische Variante für Trockenfleisch und schmeckt enorm würzig, gummiartig und intensiv.

Vicky hat sich so sehr in den Geschmack verliebt, dass sie meine Packung gleich mitgegessen hat, ich meine sogar, ich habe nicht mal ein Stück davon probiert.

Leider ging es ihr am nächsten Tag so schlecht, dass sie Pilze eine Weile nicht mehr sehen konnte. Gott sei Dank, ist das jetzt mehr als 1 Jahr her und wir essen wieder regelmäßig Pilze.

Pilze werden so unterschätzt, dabei können sie Leben retten. Jede Art von Pilz hat seine ganz eigenen Eigenschaften. Erinnerst du dich an die ORAC-Liste aus meinem ersten Buch? Außer ein paar Gewürzen konnte kein anderes Lebensmittel die antioxidative Kapazität vom Chaga-Pilz toppen.

Pilze sind vor allem reich an Polysacchariden, insbesondere den Beta-Glucanen, wie du sie auch in Haferflocken oder Haferkleie findest. Nicht nur gut für den Darm, sondern auch für deine Herzgesundheit großartig![58]

Probiere gerne, zweimal die Woche Pilze zu essen, egal, ob Shiitake, Austernpilze, Champignons, Kräuterseitlinge, Steinpilze oder Enoki-Pilze. Teste dich einfach durch und schau, was dir am meisten zusagt.

Chia- & Leinsamen

Chia- und Leinsamen sind den meisten wahrscheinlich ein Begriff. Über Leinsamen haben wir bereits gesprochen und eigentlich auch über Chiasamen. Der Vollständigkeit halber möchte ich sie hier noch mal erwähnen. Ich denke, du wirst aber mindestens eins von beiden bereits in deine Ernährung integriert haben.

Optimalerweise ergänzt du das Ganze noch mit gemahlenen Sesamsamen. Die sind ein wahres Nährstoffwunder und gar nicht mal so teuer, auch in Bio-Quali nicht.

Ich mahle mir aktuell meinen Sesam alle 1 bis 2 Wochen frisch in meiner Flockenquetsche und lagere ihn dann in meinen Airscape-Dosen. Zum Frühstück gebe ich dann immer 1 bis 2 EL Leinsamen und dieselbe Menge Sesamsamen. Sesam ist eine hervorragende vegetarische Kalziumquelle.

Dunkle Schokolade

Ich glaube, den Kakao bzw. die dunkle Schokolade werden wir in diesem Buch nicht mehr los. 100 Gramm 85%ige Schokolade liefern bereits beinahe 11 g Ballaststoffe. 11 g! Hier gilt in der Regel: Umso höher die Prozentzahl, umso mehr Ballaststoffe, umso mehr Nährstoffe, umso weniger Zucker.

Wenn du keine Schokolade nehmen magst, kannst du auch (Roh-)Kakao verwenden, der liefert sogar bis zu 46 Gramm Ballaststoffe. Das sind noch mal 10 Gramm mehr als Chiasamen.

Meinen Kakao findest du ebenfalls hinten in den Bezugsquellen.

ESSGEWOHNHEITEN

Ein wesentlicher Aspekt einer gesunden und reibungslosen Verdauung ist davon abhängig, wie du isst. Wir meinen manchmal, dass das, was wir oben reinschieben, auch unten schon irgendwie ankommt. Aber so einfach ist das nicht. Dein Darm ist von vielen Hormonen und Nerven durchzogen und reagiert sensibel auf das, was du ihm gibst – und vor allem wie. Ich möchte dir deshalb fünf Gewohnheiten an die Hand geben, auf die du das nächste Mal gerne achten darfst, bevor du deinen ersten Bissen in den Mund schiebst.

1. Die cephalische Phase | Die 3-Bissen-Regel

Die cephalische Phase ist ein smartes Zusammenspiel aus deinem Verdauungstrakt und deinen Sinnen. Sie beginnt, sobald du dein Essen vor dir auf deinem Teller ansiehst. Die cephalische Phase beschreibt, dass sich der Magen, die Bauchspeicheldrüse und der Dünndarm deutlich effizienter auf die Nahrung einstellen können, wenn sie wissen, was sie im nächsten Moment erwarten wird. Feststellen können sie das durch Nervenstränge, die mit deinen Sinnen verbunden sind. Für dich bedeutet das in der Praxis, dass du deine Nahrung vor dem Essen intensiv wahrnehmen darfst. Die ersten drei Bissen jeder Mahlzeit solltest du demnach mit allen Sinnen gründlich bearbeiten. Ansehen, riechen und richtig, richtig, richtig gründlich kauen. Damit der Mund nicht zu voll wird, empfiehlt es sich, am Anfang nur kleinere Bissen zu dir zu nehmen. Kauen ist natürlich generell eine wichtige Sache, denn die Verdauung beginnt im Mund. Aber insbesondere die ersten drei Bissen solltest du extra gründlich bearbeiten.

2. Essen mit Hunger

Diese Gewohnheit hat für mich die oberste Priorität. Ich esse, wenn ich Hunger habe, und höre auf, wenn ich mich gesättigt fühle. Erst neulich war ich in Bangladesch; und wer Bangladesch kennt, der weiß: Dort liebt man Essen und deshalb gibt es viel davon. Bei einer Fabrikbesichtigung ging es gefühlt von einer Mahlzeit zur nächsten. Frühstück, Snack, Mittagessen, Snack, Abendessen, Snack. Es ist nichts gegen mehrere kleine Mahlzeiten einzuwenden, aber da ich spätestens ab Mahlzeit zwei nur noch aus Höflichkeit und nicht mit Hunger gegessen habe, war mein Bauch am Abend so hart und aufgebläht wie ewig nicht mehr. Mit Hunger zu essen, ist ein natürlicher und gesunder Vorgang, der uns durch das Hormon Ghrelin signalisiert wird, während Leptin das Sättigungsgefühl einläutet. Hast du keinen Hunger, benötigt dein Körper auch keine Energie. Sei also frei und höre auf deinen Körper, nicht auf die Uhrzeit oder die Essgewohnheiten anderer.

3. Überessen

Kennst du das Gefühl, wenn du dein Lieblingsgericht vor dir hast und es so lecker ist, dass du einfach nicht aufhören kannst zu essen? Obwohl dein Magen dir signalisiert, dass er genug hat. Meistens geht das Ganze nicht gut aus, denn du fühlst dich überfressen, träge und hast im schlimmsten Fall noch Bauchschmerzen.

Klar, der Geschmack war da. Aber was die Nährstoffe angeht, ist das Ganze nicht wirklich effizient. Das schnelle Essen und das Essen von zu großen Mahlzeiten führt zu verringerter Nährstoffaufnahme und Völlegefühl, beides nicht förderlich für eine gesunde Verdauung.

Zudem braucht dein Hypothalamus eine gewisse Zeit, um die Signale vom Verdauungstrakt zu empfangen, um dir mitzuteilen, dass der Magen gefüllt ist. Dieser Prozess findet ca. 10 bis 20 Minuten zeitversetzt statt. Deshalb ist es sinnvoll, dann mit dem Essen aufzuhören, wenn du zu 80 bis 90 % gesättigt bist. Du wirst merken, dass nach dem Essen ein großartiges Gefühl der Befriedigung eintritt, auch wenn es sich in dem Moment so angefühlt hat, als könntest du noch weiteressen.

Ein Langlebigkeitsgeheimnis der auf Okinawa lebenden Japaner scheint zu sein, sich nie ganz satt zu essen. Probiere das einfach mal aus; du wirst merken, wie gut es dir tut.

4. Lebensmittel-Kombination

Für das richtige und falsche Kombinieren von Lebensmittel gibt es bisher keine wissenschaftlichen Beweise. **Die nachfolgende Tabelle ist demnach sehr individuell zu betrachten.** Dennoch merken einige Menschen, dass sich bestimmte Lebensmittel besser kombinieren lassen als andere. Ich z. B. vertrage Obst generell auf nüchternen Magen am besten und könnte niemals einen Smoothie als Dessert trinken. Was für dich funktioniert, kann sehr individuell sein. Ich denke aber, es lohnt sich, darauf etwas mehr Acht zu geben, falls du unter Verdauungsbeschwerden leidest. Hier eine Tabelle als Richtlinie.

Obst	**Bei Problemen mit Obst sollte Obst nur auf nüchternen Magen und mit etwas Öl verzehrt werden. Das Öl hilft bei der Aufnahme der fettlöslichen Vitamine.** Rohes grünes Blattgemüse, Datteln, Avocados, Zitronen, Olivenöl, Leinöl, andere Obstsorten, Sojajoghurt. **Beispielmahlzeit:** Sojajoghurt mit Blaubeeren, dunkler Schokolade, Datteln und Olivenöl.
Hülsenfrüchte	**Hülsenfrüchte werden optimalerweise mit Getreide verzehrt, so entsteht ein vollständiges Aminosäurenprofil.** Getreide, Nüsse, Kerne, Samen, Olivenöl, Leinöl, Gemüse. **Beispielmahlzeit:** Hummus mit Vollkornwraps, Olivenöl und gegrilltem Brokkoli.
Getreide	**Getreide kann gut mit stärkehaltigen Gemüsesorten kombiniert werden.** Kartoffeln, Süßkartoffeln, Kürbis, Gemüse, Brot, Avocados, Kokosnuss, Nüsse, Kerne, Samen, Hülsenfrüchte, grünes Blattgemüse. **Beispielmahlzeit:** Süßkartoffel-Kokos-Pfanne mit Reis und Spinat.
Fleisch & Fisch	**Fleisch sollte eher nicht mit Hülsenfrüchten kombiniert werden. Gekochtes Gemüse eignet sich meist besser.** Eier, Käse, fermentierte Milchprodukte, Gemüse. **Beispielmahlzeit:** Gegrillter Lachs mit Spargel.
Nüsse, Kerne, Samen	Trockenfrüchte, Kokosnuss, Hülsenfrüchte, Getreide, Gemüse. **Beispielmahlzeit:** Gefüllte Medjool-Dattel mit Kokosmus und Erdnussmus.
Käse	Fleisch, Fisch, Getreide, Gemüse. **Beispielmahlzeit:** Feta-Salat mit gegrilltem Gemüse und Olivenöl.
Allrounder	**Die Lebensmittel dieser Kategorie lassen sich mit beinahe jedem Essen gut kombinieren und verdauen. Sie machen selten Probleme.** Olivenöl, Leinöl, Avocado, Zitronen, dunkle Schokolade, grünes Blattgemüse, Algen.

5. Achtsames Essen

Ich bin nicht dein Achtsamkeitstrainer, aber der Punkt ist mir wichtig.

So häufig sehe ich morgens Menschen, die zwischen Bus, Bahn und Büro im Gehen eine schnell gekaufte Fertigmahlzeit vom Bahnhofsbäcker zu sich nehmen.

Klar, man hat nicht immer Zeit für ein ausgedehntes Sonntagsfrühstück. Aber darum geht's mir auch nicht. Ich möchte in diesem kleinen Kapitel dein Bewusstsein wieder dafür sensibilisieren, dass Essen eigentlich ein sehr achtsamer und genussvoller Prozess sein sollte. Viele Verdauungsprobleme entstehen durch Stress und Hektik. Nicht umsonst sagt man: „Stress schlägt mir auf den Magen."

Selbst wenn wir essen, sind wir oft nicht wirklich beim Essen. Viel mehr sind wir bei einer Serie, auf Instagram oder in ein Buch vertieft, als uns wirklich auf das zu fokussieren, womit wir unseren Körper nähren.

Wie gesagt, ich kenne das: Auch ich schaue beim Essen gerne eine Folge King of Queens oder Discounter mit Vicky. Aber dennoch versuche ich, dabei immer das Essen in den Fokus zu rücken und nicht die eigentliche Ablenkung vom Essen. Essen verdaut sich so viel besser, wenn die volle Aufmerksamkeit vorhanden ist und wir das, was wir mit Mühe und Geld zubereitet haben, schätzen.

Immer wieder mache ich mir beim Essen schöne Hip Hop Lofi Chill Beats an, quetsche mich mit meinem Kater Babou in unseren Lieblingssessel und genieße einfach nur. Ich genieße einfach das, was mir Energie gibt, meine Muskeln repariert, mein Herz nährt und meine Gehirnleistung unterstützt.

Probier das ruhig auch mal. Nimm dir aktiv Zeit für dein Essen, anstatt es neben einer Serie nur zu verschlingen. Dadurch wird das gesamte Esserlebnis nicht nur schöner, sondern das Essen geht meistens auch viel leichter runter. Zudem behältst du es auch länger im Kopf, weil du mit allen Sinnen dabei warst.

Hach ja, ein wenig spirituell, aber Essen ist doch auch einfach etwas Tolles.

MA PUMA PUM

SPÜRBAR MEHR VITALITÄT

Sicher hast du schon mal vom Säure-Basen-Haushalt gehört. Manche Lebensmittel wirken sauer, während andere basenbildend wirken. Die pH-Skala reicht von 0 (sehr sauer) bis 14 (sehr basisch). Wo sich ein Lebensmittel einreiht, hängt von dessen Wirkung auf den Körper ab. Eine Mango wirkt z. B. sehr basisch, während Nudeln aus hellem Mehl stark sauer wirken. Wichtig ist jedoch zu erwähnen, dass der Körper über bestimmte Puffermechanismen verfügt, sodass sich der pH-Wert im Blut kaum ändert. Der Wert liegt mittig auf der Skala, bei ca. 7,35 bis 7,45, und bleibt dort stabil.[59]

Was hat das Ganze jetzt mit deiner Vitalität zu tun?

Menschen, die überwiegend sauer-wirkende Lebensmittel zu sich nehmen, verändern ihre Zellstruktur. Ist der Körper schneller übersäuert, löst diese Azidität (Säuregrad) Müdigkeit aus, denn Übersäuerung fordert Stress. Stress in jeglicher Form ist der größte Gegenspieler zu Vitalität. Ist dein Körper ständig damit beschäftigt zu kämpfen, bleibt dir weniger Energie, um physische Aktivitäten (Sport, Bewegung) und kognitive Aktivitäten (Lernen, Denken) optimal auszuführen.

Deshalb ist eine gute Verdauung auch so fundamental. Umso besser du das, was du isst, verwertest, umso weniger Stress entsteht für deinen Körper und umso mehr Energie bleibt für dich und die wichtigen Aufgaben des Lebens übrig. Erinnere dich mal an deine letzte Mahlzeit heute. Was hast du gegessen? Wie schnell? Wo? Warst du abgelenkt? Hast du in Ruhe gegessen? Warst du *on the go*?

Ich habe damals alles Mögliche beim Essen getan, außer mich auf mein Essen zu konzentrieren. Hier mal eine Folge bei TV Now, da mal was lesen oder hier ein YouTube-Video schauen. Das ist auch kein Problem, ich schaue immer noch gerne ab und zu was mit Vicky, aber der Fokus sollte auf dem Essen liegen. Umso besser du dein Essen kaust, umso mehr du dich darauf einlässt und umso weniger abgelenkt und gestresst du beim Essen bist, desto besser wird dein Essen verdaut. Umso besser dein Essen verdaut wird, umso mehr Energie bleibt dir für den Rest des Tages. Es ist immer wieder die gleiche Schleife. Wie anstrengend fühlt sich das Leben an, wenn du ständig mit Magen- und Verdauungsproblemen zu kämpfen hast? Freiheit fühlt sich anders an. Basenbildende Lebensmittel können ein weiteres Puzzleteil für dich sein, um deine Vitalität im Alltag zu erhöhen.

Insbesondere Chlorophyll-haltige Lebensmittel wirken stark basisch. Chlorophyll ist der grüne Saft der Pflanzen, ähnlich wie das Hämoglobin der rote Saft des Menschen ist. Das Chlorophyll der Pflanze synthetisiert Energie aus dem Sonnenlicht und ist der wichtigste Pflanzenstoff für das Wachstum der Pflanze. Eine Ernährung reich an Chlorophyll kann die Anzahl deiner roten Blutkörperchen im Blut erhöhen. Gerade heimische Superfoods wie Weizengras sind ideal.[60]

Die Anzahl deiner roten Blutkörperchen hat einen wichtigen Einfluss auf deine Leistungsfähigkeit – oder negativ formuliert: deine Müdigkeit.[61] Zu intensiven Trainingsphasen achte ich immer auf eine doppelte Extraportion Grün. Meistens in Form von einem großen Salat als Vorspeise mit einem schnellen Dressing aus Olivenöl, Steinsalz und etwas Honig. Aber auch Weizengras in etwas Wasser gerührt oder Basilikum zum Abendessen sind großartig. Wähle gerne aus einer Liste der folgenden Lebensmittel aus und probiere, sie täglich in deinen Alltag zu integrieren. Denk dran: violett & grün.

Rucola

Nori-Algen

Petersilie

Kiwi

Spirulina

Weizengras

Gerstengras

Brokkoli

Sprossen aller Art

grüne Salate

Sellerie

Spinat

Enzyme

Willst du im Alltag leistungsfähiger sein? Dann brauchst du Enzyme. Nicht aus der Pille, sondern aus der Obst- und Gemüseabteilung. Rohe Lebensmittel sind reich an lebenden Enzymen, die uns helfen, die Nahrung aufzubrechen und zu verwerten. Das heißt nicht, dass gekochte Lebensmittel schlecht sind, sie brauchen (meistens) nur etwas mehr Energie, um von deinem Körper verwertet zu werden. Immer mehr Empfehlungen gehen dahin, eine Ernährung reich an Enzymen zu bevorzugen.

> *Es wird angenommen, dass eine enzymreiche Ernährung die Vitalität steigert und den Alterungsprozess verlangsamt.*
>
> DR. GABRIEL COUSENS, M.D.

Enzyme sterben ab einer Temperatur von 47 Grad ab. Jedes Lebensmittel, welches du demnach kochst, dampfgarst, brätst oder backst, hat wenig bis keine Enzyme mehr. Nur um dich an dieser Stelle zu beruhigen, Verdauungsenzyme produziert der Körper auch selbst und auch das Kochen von Lebensmitteln kann seine Vorteile haben. Das haben wir bereits in meinem ersten Buch geklärt. Dennoch kann es sinnvoll sein, dem Körper vor dem Essen durch einen großen rohen Salat eine Extraportion an Verdauungsenzymen hinzuzufügen. Die drei Haupttypen an Verdauungsenzymen sind:

Protease Zu finden in: – Honig – Ingwer – Ananas – Kefir – Papaya	**Spaltet Proteine in Aminosäuren** Ich gebe zu proteinreichen Lebensmitteln gerne etwas Ingwer, esse als Dessert 1 TL rohen Honig oder toppe das Ganze mit Kefir, wenn es geschmacklich passt.
Amylase Zu finden in: – Honig – Mango – Banane	**Spaltet Kohlenhydrate in Zucker** Insbesondere vor dem Essen snacke ich gerne ein kleines Stück Banane mit Honig.
Lipase Zu finden in: – Honig – Kefir – Avocado – Nüssen	**Spaltet Fette in Fettsäuren** Avocados können das unangenehme Völlegefühl nach dem Essen verringern. Ich esse fast zu jedem Abendessen mit Vicky eine Avocado.

An dieser Tabelle kann man auch recht schön den wahrscheinlich größten Vorteil von rohem Honig verdeutlichen. Was Enzyme betrifft, ist Honig ein wahres Superfood! Roher Honig kann die Verdauung unterstützen und ist deshalb für mich ein idealer Nachtisch für die süße Zunge nach dem Abendessen. Probiere mal Thymian-Honig, unglaublich kräftig, aromatisch und lecker!

Tabelle Säure-Basen-Verhältnis von ausgewählten Lebensmitteln

Auf den nachfolgenden Seiten findest du eine ausführliche Liste ausgewählter Lebensmittel und ihrer pH-Wirkung auf dein Blut. Orientier dich gerne im Alltag daran.

Wichtig sind hier noch drei Sachen.

1. Rohe Lebensmittel wirken immer basischer als erhitzte. So wirken Rohmilchprodukte basischer als herkömmliche Milchprodukte aus pasteurisierter und homogenisierter Milch. Auch Rohmilchbutter unterscheidet sich von herkömmlicher Butter aus pasteurisierter Milch. Rohe Nüsse oder rohe Nussmuse wirken basischer als geröstete Nüsse und Muse.
2. Das Keimen und Fermentieren von Lebensmitteln macht diese basischer. Gekeimtes Getreide und gekeimte Hülsenfrüchte wirken basenbildend. Tempeh, gekeimter Hafer, selbst eingeweichte und gekochte Hülsenfrüchte oder ein Sauerteigbrot sind gute Beispiele.
3. Es ist unrealistisch, nur basische Lebensmittel zu verzehren. Das ist auch nicht nötig, denn es gibt auch einige gesunde Säure-bildende Lebensmittel. Halte dich deshalb an die 80/20-Regel. 80 % basisch, 20 % sauer. Du wirst sehen, dass einige gesunde Lebensmittel trotzdem eine saure Wirkung auf den Körper haben. Vergiss an dieser Stelle nicht, dass ein Lebensmittel nicht ausschließlich durch den pH-Wert definiert wird. Schwarzer Kaffee zum Beispiel wirkt zwar stark sauer, hat dafür aber einige andere großartige Vorteile.

pH-Wirkung von ausgewählten Lebensmitteln.[62, 63]

Art	Stark basisch	Basisch	Neutral	Leicht sauer	Stark sauer
Gemüse					
	Alle Salate	Kürbis			
	Alle Sprossen	Kartoffel			
	Alle Kräuter	Süßkartoffel			
	Alle Algen	Yamswurzel			
	Alle Zwiebelgewächse inkl. Knoblauch	Topinambur			
	Blumenkohl				
	Brokkoli				
	Chicorée				
	Erbsen				
	Grüne Bohnen				
	Alle Gurken				
	Karotten				
	Paprika				
	Rote Bete				
	Sellerie				
	Spargel				
	Pilze				
	Tomaten				
	Zucchini				
Pseudogetreide					
		Amaranth			
		Buchweizen			
		Hirse			
		Quinoa			
		Wildreis			
Hülsenfrüchte					
				Azukibohnen	
				Kichererbsen	
				Linsen	
				Schwarze Bohnen	
				Sojabohnen	
Nüsse, Kerne & Samen					
		Kokosnüsse	Hanfsamen		Geröstete und gesalzene Erdnüsse
		Mandeln	Leinsamen		
		Sesam	Chiasamen		
		Haselnüsse	Macadamia		
		Kürbiskerne	Walnüsse		

Art	Stark basisch	Basisch	Neutral	Leicht sauer	Stark sauer
Getreide					
		Gekeimter Dinkel, Roggen, Weizen	Buchweizen	Dinkel, Roggen, Weizen	Verarbeitete Getreideflocken & Müslis
		Gekeimter Hafer	Gerste	Hafer	Nudeln und Backwaren aus Weißmehl
		Gekeimter Naturreis		Naturreis	Weißer Reis
Öle & Fette					
		Leinöl	Olivenöl	Butter	Margarine
		Hanföl	Sonnen-blumenöl		
		Kürbiskernöl	Rapsöl		
Obst					
	Grapefruits	Ananas			
	Limetten	Apfel			
	Mangos	Avocado			
	Wassermelone	Banane			
	Honigmelone	Beeren			
	Papaya	Birnen			
	Zitrone	Cantaloupe-Melonen			
		Datteln			
		Feigen			
		Granatäpfel			
		Kakifrüchte			
		Kirschen			
		Nektarinen			
		Orangen			
		Pfirsiche			
		Trauben			
Fisch					
					Aal, geräuchert
					Forelle
					Hering
					Kabeljau
					Lachs
					Sardinen in Öl
					Shrimps
					Zander
					Sehr stark sauer
					Garnelen
					Miesmuscheln
					Krabben

Art	Stark basisch	Basisch	Neutral	Leicht sauer	Stark sauer
Fleisch					
				Ente	Fleischwurst
					Hühnerfleisch
					Jagdwurst
					Kalbfleisch
					Lammfleisch
					Rindfleisch
					Rumpsteak
					Salami
					Schweinefleisch
					Truthahnfleisch
					Sehr stark sauer
					Gans
					Kaninchen
					Kalbsleber
					Rindsleber
					Schweinsleber
Milchprodukte					
				Rohmilch	Milch
				Rohmilchbutter	Butter
				Rohmilchkefir	Kefir
				Rohmilchjoghurt	Joghurt
				Rohmilchkäse	Käse
				Schafsrohmilch	Sahne
				Ziegenrohmilch	Whey-Protein
Getränke & Co					
	Grüner Tee	Apfelessig	Gewürze		Süßigkeiten
	Ingwertee	Balsamicoessig	Miso, Sojasoße		Kaffee
	Kräutertee				Medikamente
	Rooibos-Tee				Softdrinks
	Yerba-Mate				Soja-Protein
					Weizen-Protein
					Weißer Zucker
					Stark verarbeitete und hoch erhitzte Produkte

BESSERES HAUTBILD

Deine Haut ist ein Spiegelbild deines Inneren – deiner Leber, deiner Nieren, deines Darms und deiner Emotionen. Wenn deine Haut trocken, schuppig, gereizt, oder fettig ist, dann stimmt etwas nicht. Die gute Nachricht ist, ein gesundes Hautbild ist kein Zufall. Selbst in der Pubertät, Schwangerschaft oder den Wechseljahren ändert sich dein Hautbild wegen etwas, das in dir drin stattfindet. Alles kommt von innen.

Als ich mit meinen Jungs letztes Jahr in London war und wir über unreine Haut diskutiert haben, kamen wir alle zum selben Schluss. Ja, Cremes sind nett, aber Stress, eine schlechte Ernährung und wenig Schlaf sind die größten Marker für eine gesund aussehende Haut. Natürlich gibt's auch einige Leute, die Glück haben. Egal, wie sie leben, die Haut ist rein.

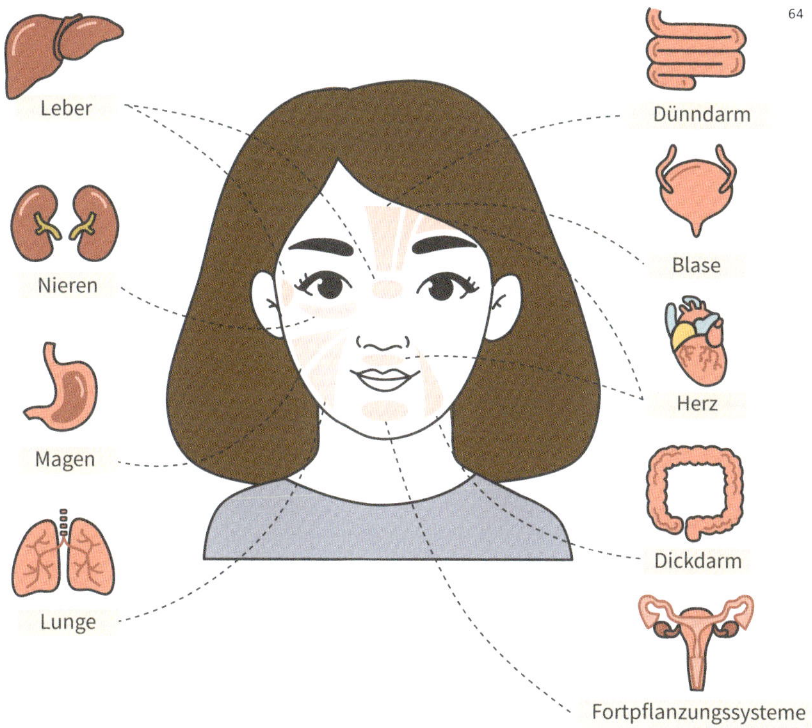

[64]

Auch ich nutze gerne hochwertige Bio-Cremes als Ergänzung. Ich möchte dich aber dennoch zum Umdenken anregen. Deine Haut heilst du langfristig nicht durch Cremes, die du von außen aufträgst, sondern durch Stoffe, die du von innen zuführst ... oder weglässt.

Alles ist miteinander verbunden. Dein Gesicht ist ein Spiegelbild deines Inneren. Eine gesunde Dosis Sonnenlicht, Luft, reines Wasser und gesunde Organe, die auf einer gesunden Ernährung basieren, sind der Schlüssel.

Der Zusammenhang zwischen deiner Haut und deinem Darm ist dabei besonders prägnant. Wusstest du, dass dein Verdauungssystem ein langer Schlauch ist, der am Mund beginnt und am Rektum endet?

Rectum-Mund-Darm

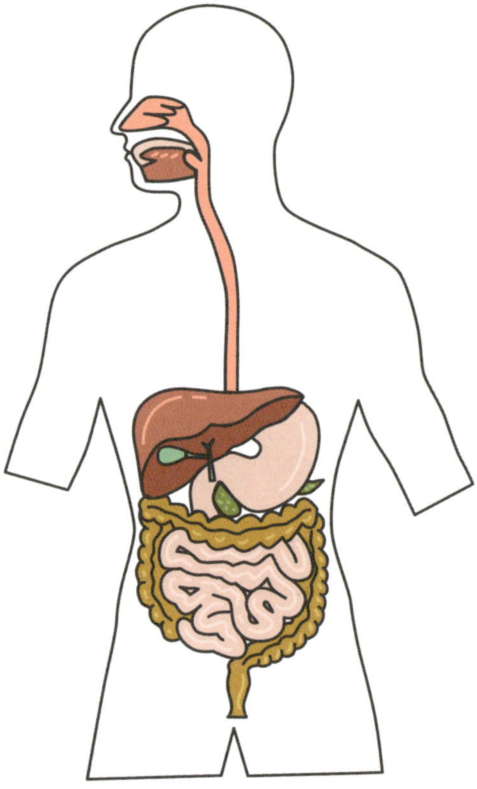

Dein Darm und deine Haut sind eng miteinander verbunden. Beide haben ein Mikrobiom, das uns schützt und das wir durch Cremes, Ernährung, UV-Strahlungen, Kleidung, Desinfektionsmittel, Bewegung, Shampoo, Antibiotika und vieles mehr positiv oder negativ beeinflussen können.

Um die Ernährung möchte ich mich zusammen mit dir kümmern, für alles Weitere gibt es andere Spezialisten.

Wobei, ein kurzes Wort zu Cremes.

Schmier dir nichts aufs Gesicht, was du nicht auch essen würdest. Wieso solltest du auch? Deine Haut ist deine erste und wichtigste Schutzschicht, sie interagiert mit deiner Umwelt. Ständig.

Alles, was du auf deine Haut gibst, kann in deinen Blutkreislauf gelangen. Wo sollte es auch sonst hin? Deshalb: Gib nur das auf deine Haut, was du auch in deinen Mund gibst. Etliche „Wundercremes" basieren auf der antioxidativen Kapazität von Superfoods wie Papaya, Brennnessel, Aloe Vera oder Sanddorn. Wieso nicht einfach (oder zusätzlich) regelmäßig Papaya, Brennnessel, Aloe Vera oder Sanddorn essen?

Versteh mich nicht falsch. Cremes sind nicht generell schlecht; ich denke sogar, dass es immer mehr richtig tolle Produkte gibt.

Aber bevor du das nächste Mal in der Drogerie oder im Internet etwas in deinen Einkaufskorb legst, stell dir die Frage, ob du das, was hinten auf der Zutatenliste steht, auch ohne Bedenken oral einnehmen würdest.

Meine Creme enthält diese Stoffe:

Jetzt aber zur Ernährung. Du brauchst Schwefel. Am besten täglich. Knoblauch, Zwiebeln, Schalotten, Paprika und Rucola sind allesamt großartige Schwefellieferanten. Hochwertige Fette wie Avocado, Öle oder Nüsse reduzieren den scharfen Geschmack etwas. Gekeimte Brokkolisamen sind die Königsklasse. Ich nehme täglich vor dem Essen 1 EL gekeimte Brokkolisamen zu mir. Ich verlinke sie dir hinten im Buch. Der Geschmack ist etwas scharf, aber du gewöhnst dich dran. Andernfalls ziehst du dir deine (Brokkoli-)Sprossen selbst. Das ist ebenfalls Weltklasse, so mache ich es auch.

Genügend Schwefel ist essenziell für dein Bindegewebe und deine Haut. Viele Menschen nehmen nicht genug Schwefel zu sich. Auch Eier, Aloe Vera und erstaunlicherweise Pinienkerne sind gute Lieferanten für Schwefel.

Für alle Supplementfans: Du kannst auch MSM nehmen. MSM steht für Methylsulfonylmethan und ist eine natürliche Schwefelverbindung. Am besten nimmst du morgens und abends 30 Minuten vor dem Essen 1 bis 2 Esslöffel davon zu dir. Leider stinkt man danach aus dem Mund etwas nach faulen Eiern, deshalb bin ich da eher raus.

Wenn du täglich mit Zwiebeln und Knoblauch kochst, ist das schon super. Klar, roher Knoblauch geht nicht immer, aber das Kauen von ganzen Zitronenscheiben kann den Geschmack danach etwas reduzieren.

Du kannst zu vielen Gerichten aus diesem und meinem ersten Buch gerne am Ende noch Zwiebeln hinzufügen. Meistens gebe ich sie am Ende zu warmen Gerichten, so garen sie ganz leicht mit, sind aber eigentlich noch roh und behalten alle ihren gesundheitlichen Vorteile.

Gurke

Mir hat mal jemand bei Instagram Folgendes geschrieben: „Luke, bei deinem exotischen Lebensstil fühle ich mich richtig schlecht mit meinem einfachen Gurken-Tomaten-Salat." Bist du verrückt? Gurken sind eins der heilsamsten Gemüse unseres Planeten. Sie zählen locker zu deiner täglichen Portion „Grün" und sind oft in Bio-Quali erhältlich. Gurken auf die Augen zu legen, ist kurzfristig ganz nett. Wenn du aber richtig was reißen willst, iss reichlich Gurken. Damals habe ich Gurken immer als Ersatz für süßes Obst in meine Smoothies gegeben. Gurken sind großartig für dein Hautbild. Sie beschützen deinen Darm vor Bandwürmern. Auch hier ist Knoblauch wieder sehr wirksam, genau wie Wassermelone. Gurken helfen dir zudem, tierisches Eiweiß zu verwerten. Wer abends gerne fettigen Fisch oder Eier isst, darf immer gerne eine Gurke dazu nehmen.

Frischer Gurkensaft ist hervorragend bei unruhiger und geschwollener Haut. Ich mag den Begriff Detox nicht, aber Gurken sind ein super *detoxifier*.[65] Iss die Schale mit, du brauchst das darin enthaltene Silizium. Silizium ist wichtig für deine Kollagensynthese.[66] Landgurken schmecken besonders lecker, die bekommst du oft beim Biodealer. Sie haben eine etwas buckelige „Dinohaut". So nenne ich sie zumindest. Mini-Gurken sind auch toll. Auch Gurken enthalten Schwefel und Betacarotin. Immerhin enthalten 100 g Gurke 19 % deines Tagesbedarfs an Betacarotin. Du brauchst Betacarotin als natürliches Antioxidans für deine Haut.[67] Süßkartoffeln sind die beste Quelle für Betacarotin. Grünkohl und Möhren sind auch klasse. Ich mische mir gerne als Snack etwas Gurke mit Za'atar, Olivenöl, Tahini, Walnüssen und Tempeh. Oder Tofu. Wirklich lecker.

Ballaststoffe

Der größte Feind deiner Haut ist Zucker. Der größte Feind von Zucker sind Ballaststoffe. Deshalb sind ganze Früchte auch kein Problem, denn die darin enthaltenen Ballaststoffe verzögern die Abgabe vom Zucker ins Blut. Wenn große Mengen Zucker in einer kurzen Zeiteinheit durch dein Blut rauschen, hat das verehrende Folgen für alle Systeme deines Körpers. Die Natur hat das auch so nicht gewollt. Agavendicksaft, Fruchtgummis und dunkelbraune Softdrinks wachsen nicht am Baum, sondern in einer Fabrik. Jedes ganze Lebensmittel enthält Zucker, aber eben auch Ballaststoffe, sodass alles langsam und gemächlich in deinen Körper gelangt und du genug Zeit hast, das Ganze zu verarbeiten. Die größten Faktoren für eine frühzeitige Alterung der Haut sind Rauchen, Sonnenbaden, Stress und Alkohol.

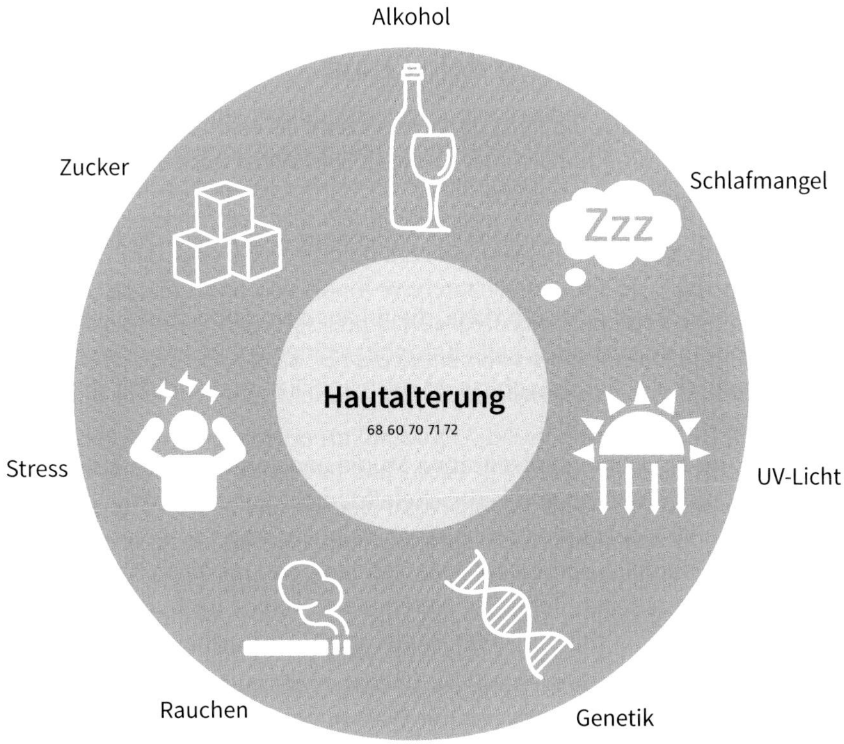

STARKES IMMUNSYSTEM

Der 3-Schritte-Plan

Bestimmte Lebensmittel liefern deinem Körper Substanzen, die die Abwehrkräfte deines Körpers gegen akute Krankheiten und Erkältungen schützen können. Dieser 3-Schritte-Plan liefert dir kompakt und geballt alles, was du wissen musst, um deinen Körper hinsichtlich der Ernährung zu unterstützen.

Vorab jedoch eine Sache: Wenn du richtig was bewegen möchtest, reicht es nicht, diese Lebensmittel nur ab und an zu essen. Diese Lebensmittel dürfen ein fester Bestandteil deiner Ernährung werden. Um mich gesund durch den Winter zu bringen, esse ich nicht ab und zu mal einen Granatapfel. Ich hol mir zusammen mit Vicky eine ganze Kiste Granatäpfel aus Griechenland direkt vom Bauern und esse die Dinger, als wäre es mein Job. Um meine Zinkwerte stabil zu halten, nehme ich nicht ab und an einen Teelöffel Sesam. Ich träufele Tahini (Sesampaste) über mein Essen so viel, wie ich geschmacklich vertrage – und das ist eine Menge, ich liebe Tahini.

Du musst nicht jedes der empfohlenen Lebensmittel täglich in riesigen Mengen konsumieren. Such dir deine ein bis zwei Lieblinge raus und dann mach dein Immunsystem richtig stark!

Schritt 1: Du brauchst Zink

Vitamin D ist das Vitamin des Immunsystems. Zink ist der Mineralstoff deines Immunsystems. Zink ist hervorragend; wie jeder Mineralstoff, aber Zink ist für mich besonders wichtig. Wenn du bereits erkältet bist, empfehle ich dir Zink. Zink und Vitamin D. Aber zuerst Zink. Zink kann sowohl die Dauer als auch die Symptome deiner Erkältung deutlich reduzieren.[78] Wenn die Erkältung bereits im Anflug ist, kannst du auf hochwertige Kapseln umsteigen. Ich nehme meine im Fall des Falles aus Guavenblattextrakt oder in liposomaler Form. Für den Alltag ist Tahini eine hervorragende Zinkquelle. Gutes, in einer Steinmühle gemahlenes Tahini aus 100 % Sesamsamen deckt mit 100 g ca. 70 % des Tagesbedarfs! Tahini ist deine Mineralstoffbombe und, um Otto Lenghi zu zitieren:

„There's nothing you wouldn't want to drizzle over some tahini."

Wenn du einen guten und durchweg stabilen Zinkspiegel hast, ist nicht nur die Wahrscheinlichkeit einer raschen Regeneration höher, sondern du senkst zudem dein Risiko um ca. ein Drittel, überhaupt erst an einer Erkältung zu erkranken.[79]

In diesem Buch findest du reichlich Rezepte mit Tahini. Das Beste bekommst du von der Marke *Pepperwood Organics*. Leider ist es jedoch sehr oft ausverkauft, zumindest hier bei uns in Deutschland. Du kannst auch rohen Sesam kaufen, ihn frisch schroten oder wöchentlich im Mixer vermahlen, luftdicht lagern und esslöffelweise zu deinem Porridge geben. So mache ich es auch. Alternativ sind auch Sonnenblumenkerne hervorragend! Geschmacklich passen diese zu fast jedem Gericht. Wenn du das nötige Kleingeld hast oder ausgeben willst, besorg dir ruhig gekeimte Sonnenblumenkerne. Durch den Keimvorgang ist das Zink noch besser verfügbar. Das ist aber nicht zwingend notwendig, Bio-Sonnenblumenkerne sind ebenfalls der Hammer. In der folgenden Tabelle findest du weitere Zinkquellen.[80] Meine Hauptzinkquellen im Alltag habe ich dir hellblau hinterlegt.

Pro 100g

Weizenkeime	18 mg
Weizenkleie	9,2 mg
Rind, Schulter	8,1 mg
Rind, gehacktes	7 mg
Schwein, Leber	6,5 mg
Pinienkerne	5,8 mg
Sonnenblumenkerne	5,8 mg
Kakaopulver	5,7 mg
Sesamsamen, ungeschält	5,5 mg
Chiasamen	5,1 mg
Kürbiskerne	5 mg
Sojamehl	4,9 mg
Emmentaler, vollfett	4,6 mg
Scampi	4,6 mg
Nori-Alge	4,5 mg
Leinsamen	4,3 mg
Paranuss	4,3 mg
Cashewkerne	4 mg
Erdnussmus	3 mg
Haferflocken	3 mg

Schritt 2: Anthocyane

Anthocyane bekommst du am besten aus Beeren. Lass uns hier mal kurz innehalten. Wenn du „100 werden 1" schon gelesen hast und/oder dieses Buch durchhast, wirst du merken, dass es am Ende immer auf dieselben Lebensmittel hinausläuft. Überdurchschnittlich gesunde Lebensmittel wie Beeren, Grünkohl, Knoblauch und Sesam wirken nie nur auf einer Ebene. Der ganze Körper profitiert von ihrem Konsum. Es ist fast gleich, welchem Teil deines Körpers du etwas Gutes möchtest, mit Beeren triffst du immer mehr oder weniger die richtige Wahl.

Anthocyane zählen zur Gruppe der Flavonoide. Flavonoide wiederum sind ein sekundärer Pflanzenstoff und schützen die Pflanze vor Feinden, sodass die stark, groß und prächtig wird.

Anthocyane sind rot, schwarz, blau und violett. Blaue Kartoffeln, Auberginen, blaue Trauben, Kirschen und Granatäpfel stecken voller Anthocyane. Alle gängigen Beeren sowieso. Gerade die Holunderbeere ist aber für dein Immunsystem besonders spannend. Ein paar Esslöffel Holunderbeeren-Extrakt können die Abwehrkräfte bei einer Grippe deutlich steigern und somit nicht nur die Symptome lindern, sondern auch die Dauer der Erkältung verkürzen.[81] Auch hochwertiger Sauerkirschsaft oder Granatapfelsaft können sehr heilsam sein. Granatäpfel haben von September bis Februar Saison, sie sind die Beere des Winters! Schlag da unbedingt zu, Granatäpfel sind eines der ältesten und potentestes Heilmittel unseres Planeten. Im Sommer frische Blau-, Him- und Erdbeeren und im Winter reichlich Granatäpfel und wilde, tiefgefrorene Heidelbeeren und Sauerkirschen. Diese Früchte sind so großartig, da muss keiner auf Açaí-, Goji- oder Camu-Camu-Beeren von Übersee zurückgreifen, auch wenn sie sehr gesund und im Falle von Açaí- und Gojibeeren auch echt lecker sind.

Bevor du dir teure und chemische Vitamin-C-Pillen aus der Drogerie zulegst, greif lieber zu einem hochkonzentrierten hochwertigen Vitalkomplex auf Basis von Hagebutte, Johannisbeere, Aronia, Holunder und Heidelbeere voller Flavonoide in Form von Anthocyanen. Der Saft von *Dr. Wolz* ist hier mein Mittel der Wahl.

Schritt 3: Angiogenese-Hemmer

Die Angiogenese ist ein Vorgang, bei dem der Körper – ganz einfach gesagt – aus bereits bestehenden Blutgefäßen neue Blutgefäße bildet. Bei Kindern ist dieser Prozess im Rahmen des Wachstums normal und auch bei uns Erwachsenen kann eine Angiogenese sinnvoll sein, z. B. bei der Wundheilung. Eine überdurchschnittlich starke Angiogense im Erwachsenenalter hingegen führt dazu, dass sich gefährliche kleine Tumore durch eben genau diese Bildung der neuen Blutgefäße vermehren und wachsen. Der Anfang von nichts Gutem. Auch Entzündungen, der Appetit und die Bildung von Fettzellen wird durch die Angiogense gesteigert.[82]

Jetzt, wo du diesen Prozess verstanden hast, lass mich dich mitnehmen auf meinen Lieblingsmarkt, auf den Carlsplatz in Düsseldorf. An meinem Lieblingsstand *Obst & Gemüse Schier* gehe ich regelmäßig, meist wöchentlich, einkaufen und hole mir das bunteste und tollste Gemüse, das ich kenne. Neben kräftigem Schwarzkohl, saftigen Datteln, tiefvioletter Rote Bete und himmlisch rot-leuchtenden Cherrytomaten aus der Provence gibt es eine ganze Ecke nur für eine der gesündesten Lebensmittelgruppen unserer heimischen Wälder. Pilze!

Von bayerischen Steinpilzen über Mini-Champignons bis hin zu knackigen Kräuterseitlingen und Sorten, deren Namen ich mir bis heute nicht merken kann, findest du dort alles. Jedes Mal suchen mir die tollen Verkäufer mit größter Sorgfalt und Geduld die kleinsten und knackigsten Champignons heraus, die sie finden können – mit dem Kommentar: „Ja, die sehen ja auch besser aus auf dem Foto, ne, Luke?"

Aber was hat das mit der Angiogenese zu tun? Pilze sind ein großartiger Angiogense-Hemmer[83], selbst gegart oder kurz gebraten verlieren sie diese Eigenschaft nicht, du musst sie also noch nicht einmal roh verzehren.

Zudem sind Pilze in der Lage, dendritische Zellen zu aktivieren. Dendritische Zellen kannst du dir vorstellen wie einen 31er. Falls dir der Begriff unbekannt ist: Ein 31er ist jemand, der andere verrät, um sie mit ihrem Verhalten zu entlarven. De Begriff ist in der Hip-Hop-/Straßenszene sehr geläufig. Dendritische Zellen haben genau diese Eigenschaft, nur im positiven Sinne. Sie fangen unerwünschte Erreger ab und präsentieren sie deinen Immunzellen, die diese Erreger folglich vernichten. Das Problem ist nur, dass dendritische Zellen zwar bei uns im Blut herumschwimmen, jedoch inaktiv sind. Es braucht demnach jemanden, der sie aktiviert, und genau hier kommen Pilze ins Spiel. Ich esse im Durchschnitt zwei- bis dreimal die Woche Pilze, in der Regel braune Champignons, Kräuterseitlinge und etwas seltener Austernpilze.

Bereits vor Jahren habe ich in meinen anfänglichen YouTube-Videos schon darüber berichtet, dass Pilze unser Immunsystem stärken, indem sie die Bildung von Immunglobulin A anregen, einem Antikörper, welcher sich in unseren Sekreten wie Speichel, der Tränenflüssigkeit und dem Nasenschleim anreichert. Immunglobulin A ist die erste *line of defence* (Abwehrkette) im Kampf gegen Erreger. Eine Woche 100 g herkömmliche, gekochte oder dampfgegarte Champignons reicht aus, um deinen Immungloblin-A-Spiegel um sagenhafte 50 % zu steigern. Aber ich leg noch einen drauf: Selbst wenn du danach keine Pilze mehr verzehrst, bleibt dieser Spiegel eine ganze weitere Woche erhöht, bis er in Woche drei wieder auf sein Ausgangsniveau fällt.[84]

100 g Pilze pro Tag sind wahrscheinlich für die meisten recht unrealistisch, auch ich verzehre diese Mengen nicht. Aber wie wäre es mit einer einwöchigen Kur gefolgt von einem konstanten Pilzkonsum von 200 bis 300 g Pilzen pro Woche verteilt auf 2 bis 3 Tage? Die Dinkelspaghetti in cremiger Pilz-Soße auf Seite 187 sind ein Traum, probiere die ruhig mal aus; es ist eins unserer Lieblingspilzrezepte.

… und ein Wort noch zum Schluss, einfach der Vollständigkeit halber: Weitere Angiogenese-Hemmer sind Matcha, Ingwer, Leinsamen, Granatäpfel, Weintrauben, Zimt, Sojabohnen und alle Kreuzblütler wie Brokkoli, Grünkohl, Rosenkohl, Schwarzkohl und Blumenkohl. Du siehst, der Kreis schließt sich.

Zusammenfassung

Was bei Erkältungen hilft

- Regelmäßiger Pilzkonsum
- Beerenflavonoide
- Hounderbeerenextrakt
- Granatäpfel
- Zinkreiche Lebensmittel
- Zinktabletten
- Reichlich Sonnenlicht
- Vitamin-D-Supplement, optimalerweise liposomal
- Knoblauch, roh
- Einschränkung der Kalorienzufuhr
- Ausreichendes, aber nicht übermäßiges Trinken

TOILETTEN-CHECK: 7 ZEICHEN VON GESUNDEM STUHL

Glaub mir, ich spreche nicht gerne über das Thema Stuhlgang. Aber es ist wichtig, also rein in die Angelegenheit bzw. in die Kloschüssel.

Die Konsistenz

Gesunder Stuhlgang ist eine geschmeidige, smoothe Wurst. Keine Risse, keine Klümpchen, keine Fettschicht. Es sollte weder wehtun noch direkt rausfließen, sondern sich natürlich und entleerend anfühlen.

Schauen wir uns an, was dein Stuhlgang über deine Darmgesundheit aussagt.[85]

Typ 1: Kleine harte Klümpchen

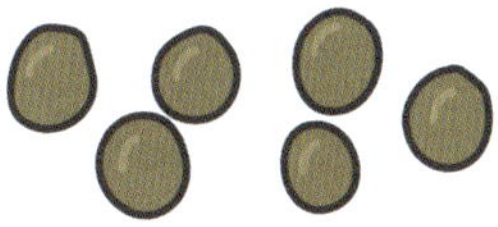

Kleine harte Klümpchen sind ein Zeichen dafür, dass du unter Verstopfung leidest, auch wenn du es nicht merkst. Zudem hast du zu wenig gute Darmbakterien in dir. In diesem Fall darfst du gerne langsam deinen Ballaststoffanteil erhöhen und eventuell über eine Probiotika-Kur nachdenken.

Typ 2: Eine klumpige Wurst

Schon besser. Du leidest wahrscheinlich immer noch unter leichten Verstopfungen und auch deine Darmbeweglichkeit ist nicht ganz optimal. Haferkleie, Obst, Gemüse und vor allem Linsen können Abhilfe schaffen.

Typ 3: Eine recht geschmeidige Wurst mit Rissen

Eine Wurst mir leichten Rissen. Zwar nicht perfekt, aber auf jeden Fall im Normalbereich. Dir würde wahrscheinlich etwas mehr Trinken guttun.

Typ 4: Eine lange geschmeidige Wurst ohne Risse

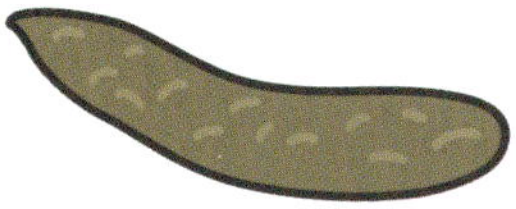

Perfekt, was für ein Meisterwerk.

Typ 5: Weiche geschmeidige Klümpchen, die aneinanderkleben

Kann ein Zeichen davon sein, dass du dabei bist, Durchfall zu bekommen, oder bereits Durchfall hattest. Du verdaust das Essen gerade nicht so, wie es verdaut werden sollte. In diesem Fall fehlt es dir wahrscheinlich an Ballaststoffen, insbesondere unlöslichen Ballaststoffen. Ich esse in diesem Fall meistens Haferflocken, Kleie, Datteln und Walnüsse. Das ist aber sehr individuell.

Typ 6: Breiige Konsistenz mit harten Kanten

Dein Darm ist sehr wahrscheinlich entzündet und das Essen passiert den Verdauungstrakt zu schnell. Kurkuma, Omega-3 und Olivenöl, aber auch grüne Bananen in kleinen Mengen können helfen.

Typ 7: Wässriger Stuhl ohne feste Stücke

Durchfall. Du hast eine Entzündung im Darm. So etwas kann passieren. Löst sich das Problem nach 3 bis 4 Tagen jedoch nicht von selbst, solltest du einen Arzt aufsuchen. Was für ein Scheiß!

Die Farbe

Die Idealfarbe deines Stuhlgangs ist mittelbraun bis dunkelbraun. Sie kann sich jedoch auch ändern, je nachdem, was du gegessen hast. Wenn du einen großen Salat gegessen und grünen Smoothie getrunken hast, kann sich der Stuhlgang auch schon mal grün färben. Rote Bete wird sich im Abgang ebenfalls mit ihrer rötlichen Farbe bemerkbar machen. Es ist also nicht immer direkt ein Grund zur Panik.

Hat dein Stuhlgang hingegen eine gelbliche Konsistenz, hast du zu viel Fett im Stuhl. Das kann auf eine Malabsorption zurückzuführen sein wie bei Zöliakie. Ist der Stuhl hell-rötlich kann das auf Blutungen im unteren Verdauungstrakt zurückzuführen sein. So etwas kommt mal vor und ist ab und an nicht weiter schlimm. Ist dein Stuhl jedoch dunkelrot bis schwarz gefärbt, kann das auf Blutungen im oberen Verdauungstrakt hinweisen. In diesem Fall solltest du dich checken lassen.

Der Geruch

Der Grund, wieso Stuhlgang nicht so angenehm riecht, sind die Bakterien, welche sich in ihm befinden. Diese Bakterien produzieren verschiedene Gase, welche für den unangenehmen Geruch verantwortlich sind.

Hat dein Stuhlgang jedoch generell einen stechenden, fiesen Geruch, deutet das darauf hin, dass dein Darm die Nährstoffe nicht so aufnehmen kann, wie er sollte.

Das kann zum einen tiefere Gründe haben wie eine Zöliakie oder Morbus Crohn. Es kann aber auch einfach daran liegen, dass dein Dam ein wenig mehr Fürsorge benötigt. In diesem Fall darfst du gerne mehr Lebensmittel der Pick-and-Choose-Tabelle auf Seite 96 in deinen Speisplan integrieren.

Stuhlgang sollte niemals bestialisch stinken, dann stimmt was nicht.

Die Häufigkeit

Dein Ziel sollte es sein, mindestens einmal pro Tag die Toilette zu besuchen. Wenn du in einer Umgebung bist, in der du dich unwohl fühlst, kann es auch schon mal passieren, dass du mehrere Tage nicht auf dem Klo bist. Du kannst das sicher nachvollziehen. Wenn du auf dem Weg nach Hause bist und aufs Klo musst, wird der Drang immer stärker, umso näher du dich deiner heimischen Schüssel näherst. Dies zeigt einmal wieder, wie eng dein Darm und dein Gehirn miteinander verbunden sind. Der Klogang hat also auch viel mit deinem Wohlbefinden zu tun. Wenn du Sport treibst und einen regen Stoffwechsel hast, sind auch zwei-, drei- oder sogar viermal pro Tag drin. Auch wer reichlich Ballaststoffe isst, erhöht sein Volumen und die Häufigkeit. Solange dein Stuhl, wie im letzten Kapitel gelernt, die richtige Konsistenz hat, sind mehrmalige Entleerungen pro Tag kein Problem.

Dein Urin

Letztlich ist alles miteinander verbunden. Deshalb spielt dein Urin bei deiner Darmgesundheit eine genauso wichtige Rolle wie dein Stuhlgang.

An deinem Urin kannst du ablesen, wie hydriert du bist. Hast du ausreichend Flüssigkeit in dir, können Abbauprodukte sauber aus dem Darm abtransportiert werden, Nährstoffe besser aufgenommen werden und die Verdauung läuft schön geschmeidig.

Auch hier kann die Farbe des Urins wieder täuschen. Rote Bete wird deinen Urin verfärben, ebenso wie exzessive Supplementierung, Rhabarber oder ein hoher Fruchtkonsum.

Noch gestern bin ich hier in Vietnam zu meinem kleinen Lieblings-Obstdealer an der Ecke gelaufen. Er ist wunderschön gelegen zwischen Kokospalmen und viel, viel Grün, ein Traum. Hier kaufe ich regelmäßig meine 3 bis 4 Mangos, 1 bis 2 Drachenfrüchte, 1 saure, grüne Mango (wirklich lecker) und eine Baby-Bananenstaude. Das Ganze kostet mich ca. 1,90 €.

Da ich meistens zu Hause auch noch ein paar Mangos von der Gastgeberin bekomme, kann es schon mal vorkommen, dass ich am Tag 3 bis 4 Mangos esse. So etwas macht sich natürlich im Urin bemerkbar, er wird leicht gelblich.

Generell kannst du dir aber merken, dass ein heller bis hellgelber Urin ein gutes Zeichen ist. Du bist ausreichend hydriert. Färbt sich dein Urin gelb, solltest du ein paar Gläser Wasser zu dir nehmen. Ist dein Urin orange bis dunkelgelb, deutet das darauf hin, dass du ernsthaft dehydriert bist. Dies kann vorkommen, wenn du überdurchschnittlich viel schwitzt oder eben einfach zu wenig getrunken hast.

Auch die Pinkel-Häufigkeit ist ein recht zuverlässiger Marker. 6 bis 10 Male pro Tag sind im grünen Bereich, insbesondere wenn du viel trinkst. Alles unter 5-mal ist ein Zeichen dafür, dass du mehr trinken solltest.

Als kleine Anmerkung an dieser Stelle: Früchte, aber auch einige Gemüsesorten enthalten enorm viel Wasser. Ist dein Frucht- und/oder Obstkonsum recht hoch, musst du demnach wahrscheinlich auch weniger trinken, um dennoch ausreichend hydriert zu sein. Cheers.

Die Dauer

Hättest du gedacht, dass du dir mal ernsthaft Gedanken darüber machst, wie lange du für deinen Stuhlgang brauchst?

Länger als 15 Sekunden sollte das Ganze nicht brauchen. Mit 15 Sekunden meine ich dabei jedoch nicht die Gesamtdauer, die du auf dem Klo verbringst, sondern nur die Zeit, während es rauskommt.

Die Gesamtdauer sollte nicht länger als 1 bis 2 Minuten betragen, wobei jede Sitzung, die länger als 10 bis 15 Minuten dauert, ein Zeichen dafür ist, dass dein Darm ein wenig Liebe braucht. Es sollte nicht drücken, du solltest nicht pressen und du solltest dich erst recht nicht verkrampfen. Gleichzeitig musst du dich aber auch nicht stressen, wenn es nach 2 Minuten noch nicht flutscht, bis 10 Minuten ist alles noch im Rahmen. Lass dir ruhig Zeit. Du solltest dich nach jedem Stuhlgang vollständig entleert fühlen und das Toilettenpapier sollte nicht allzu viel zu tun haben. Wenn du verstehst, was ich meine.

Ich empfehle bereits seit Jahren einen Klohocker. Damit bringst du die Beine beim Geschäftmachen in einen 45-Grad-Winkel. Somit ist dein Darm nicht mehr abgeklemmt und die Entleerung verläuft vollständig und angenehm. Die Dinger kosten nicht viel und sollten in keinem Badezimmer fehlen.

Das Abwischen

Dieses Kapitel möchte ich nur kurz anreißen. Als ich damals in Kyoto war, gab es dort richtige Hightech-Klos. Und das war ca. 2017. Schön beheizt, bequem und vor allem mit Podusche.

Ziemlich gewöhnungsbedürftig. Aber sinnvoll. Dein Stuhl besteht letztlich aus Bakterien, und die sollten nicht weiter an dir haften, sondern deinen Körper verlassen. Wenn wir mit herkömmlichem Klopapier abwischen, reinigen wir uns nie komplett. Das stellt sicher nicht das größte Problem dar, denn ich habe noch nie gehört, dass jemand kürzer gelebt hat, weil er Klopapier nutzt, aber es gibt eben noch hygienischere Varianten – Poduschen eben. Bevor man sich jetzt gleich ein neues Klo einbauen muss, hier die gute Nachricht: Es gibt mobile Poduschen. Die Dinger machen da unten alles richtig sauber und sind in ihrer Hygiene dem Klopapier meilenweit voraus. Sicher komisch am Anfang, aber schau dazu einfach mal ein paar Videos auf YouTube. Es gibt tatsächlich Leute, die ihre Poduschen nach Monaten oder sogar Jahren reviewen. Aber was gibt's auf YouTube auch nicht?

Wer Probleme mit dem Darm hat oder in der Familie vorbelastet ist, dem empfehle ich, sich so ein Teil mal näher anzuschauen.

... und unter uns: Muss ja auch keiner wissen.

WEST 4 STREET
B D UPTOWN &
THE BRONX EXP

SIBO: DIE URSACHE DES BÖSEN

SIBO, auf Deutsch Dünndarmfehlbesiedlung, kann die Ursache von allen negativen Erfahrungen sein, die du mit deiner Verdauung in letzter Zeit durchgemacht hast. Von Blähungen nach einer Portion Bohnen, Völlegefühl nach der Rohkostplatte, über Brain Fog und Müdigkeit nach dem Abendessen bis hin zu einem Nährstoffmangel in deinem Körper. SIBO ist die schlimme Weiterentwicklung einer Dysbiose in deinem Mikrobiom.

Doch was passiert hier genau?

Von einer Dysbiose sprechen wir, wenn in deinem Dickdarm ein Ungleichgewicht von guten und schlechten Bakterien herrscht.

Bei SIBO hingegen sind Bakterien aus dem Dickdarm über die Ileozökalklappe hoch in deinen Dünndarm gewandert. Kein gutes Zeichen, denn im Dünndarm haben Bakterien nur wenig zu suchen. Dieser Bereich gehört dir, nicht den Bakterien.

Was ist die Folge?

Sind Bakterien in deinen Dünndarm vorgedrungen, machen sie dort genau das, was Bakterien in unserem Verdauungstrakt so machen: sie fermentieren die Nahrung. Im Dickdarm ist dies ein gutes Zeichen und der Grund dafür, wieso ich dir rate, so viele Ballaststoffe zu essen, denn damit fütterst du deine (guten) Bakterien. Fermentieren deine Bakterien die Nahrung jedoch bereits im Dünndarm, bringt das eine Handvoll Probleme mit sich.

Keine Sorge, die Ursachen von SIBO klären wir gleich. Lass uns aber erst über die Symptome sprechen.

Symptome

Erste Anzeichen einer Fehlbesiedelung sind Bauchschmerzen, Blähungen und Völlegefühl, oftmals nach jedem Essen, insbesondere jedoch nach kohlenhydratreichen Mahlzeiten.

Doch woran liegt das?

Ganz einfach, wenn du dein morgendliches Porridge isst, sollten die Kohlenhydrate daraus im Dünndarm landen und verdaut werden. Hast du jedoch Bakterien in deinem Dünndarm, die das Essen an dieser Stelle verdauen, produzieren diese Gase wie Wasserstoff, Schwefelwasserstoff und Methan. Da diese Gase viel Zeit benötigen, um aus deinem Dünndarm zu entweichen, führt das bei uns durch die Dehnung im Darm zu den oben genannten Symptomen.

Da die Bakterien den Dünndarm bereits besiedelt haben, werden diese Symptome bei jeder Mahlzeit auftreten, selbst wenn gesund gegessen wurde.

Ein weiteres Anzeichen von SIBO kann ständige Müdigkeit sein.

Wo ist hier der Zusammenhang?

Die Bakterien lieben nicht nur Kohlenhydrate, sondern auch Vitalstoffe. Insbesondere Vitamin B12 und Eisen, die wahrscheinlich wichtigsten Nährstoffe bezüglich Müdigkeit, Schlappheit und Energielosigkeit.

Bevor dir diese Nährstoffe demnach für körpereigene Zwecke zur Verfügung stehen, werden sie von den im Dünndarm angesiedelten Bakterien aufgefressen. Für den Körper bleibt dort nicht mehr viel übrig.

Du darfst an dieser Stelle nicht vergessen: Es gibt das „Ich" und das „Mein". Deine Darmbakterien gehören in die Kategorie „Mein". Darmbakterien haben ihre eigene DNA – ein Beweis dafür, dass sie ein autonomes System sind, welches zwar dir gehört, jedoch nicht zu deinem Körper gehört. Wenn du dieses System nicht richtig pflegst, kann es auch gegen dich arbeiten, denn deinen Darmbakterien geht es nur ums Überleben. Du bist derjenige, der entscheidet, wie du sie am Überleben halten möchtest: gesund mit reichlich Leinsamen in deinem Dickdarm, wo sie für deine Gesundheit arbeiten, oder ungesund mit reichlich Weißbrot in deinem Dünndarm, wo sie gegen deine Gesundheit arbeiten.

Du siehst also, äußerliche Beschwerden sind immer ein Zeichen davon, dass uns der Körper etwas sagen will. Wir sind diejenigen, die herausfinden dürfen, was es ist.

Anzeichen von SIBO

In der nachfolgenden Tabelle findest du einige mögliche Anzeichen von SIBO. Wirklich „sicher" sein kannst du dir jedoch wie immer nur mit einem Test: dem sogenannten Laktulose-Atemtest. Dieser Test füttert gezielt die Bakterien im Dünndarm und misst, ab wann das Essen mit diesen Bakterien in Kontakt kommt. „Sicher" schreibe ich deshalb in Anführungszeichen, weil der Atemtest durch eine etwas niedrigere Sensitivität und Spezifität sicher kein Goldstandard ist.[86] Dennoch für viele, denke ich, deutlich angenehmer durchzuführen, als sich vom Doc einen Schlauch in den Hals schieben zu lassen.

Sensitivität beschreibt die Fähigkeit, einen Testpatienten mit einer Krankheit korrekt zu identifizieren.

Sensibilität beschreibt die Fähigkeit, einen Testpatienten ohne eine Krankheit korrekt zu identifizieren.

Mögliche Anzeichen von SIBO[87]

Nahrungsmittelunverträglichkeiten	**Präbiotische Ballaststoffe** Knoblauch, Zwiebeln, Bananen, Äpfel, Yacon, Kleie **Nachtschattengewächse** Tomaten, Paprika, Aubergine, Kartoffeln, Gojibeeren **Hülsenfrüchte** Kichererbsen, Kidneybohnen, Linsen, Soja, Lupinen **Gereifte Lebensmittel** Käse, Wein, Sauerkraut, Trockenfrüchte, Sojaprodukte **Inulinreiche Lebensmittel** Chicorée, Artischocken, Spargel, Weizenkleie, Honig, Yaconsirup
Fett-Malabsorption	Es gibt mehrere Gründe, wieso Fett nicht richtig aufgenommen wird. Wenn du jedoch keine augenscheinliche Krankheit hast, kann SIBO ein Grund sein. Erkennen lässt sich das durch sehr **fetthaltigen Stuhl** und **Fetttropfen in der Toilette.**
Mangel an Magensäure	SIBO kann entstehen, wenn die **Produktion von Magensäure im Dünndarm gestört** ist. Ursachen hierfür können eine Antibiotikakur, Alkohol, Zigarettenrauch oder eine Ernährung reich an raffinierten hellen Kohlenhydraten sein, wie weißer Reis, helle Brötchen oder Weißmehlpasta.
Darmoperation	Veränderungen der natürlichen Anatomie im Darmbereich durch eine Operation und auch Gallensteine oder eine Entzündung der Bauchspeicheldrüse können das Risiko, SIBO zu entwickeln, erhöhen.

Die Lösung

Um SIBO einzudämmen und die Ursachen loszuwerden, gibt es mehre Möglichkeiten. Eine davon ist ironischerweise eine Antibiotikatherapie, die zugleich auch die Ursache für die Entstehung sein kann. Der Wirkstoff Rifamycin bzw. das Produkt Rifaximin scheint hier das Mittel der Wahl zu sein.[88] (7 bis 10 Tage reichen meist.)

Da ich dich jedoch mit Lebensmitteln, nicht mit Pillen gesund halten möchte, hier meine ernährungstherapeutischen Ansätze:

1. Runter mit den Kohlenhydraten.

Keine Süßkartoffeln, keine Kartoffeln, kein Porridge, kein Reis, kein Buchweizen, kein Brot. Klingt hart, ich weiß. Ist aber notwendig. Willst du wissen, wie ich damals meinen Hefepilz losgeworfen bin? Keine Kohlenhydrate, *zero*.

Da sich die Bakterien im Dünndarm vor allem an Stärke haften, sollten diese so lange gemieden werden, bis wieder alles im Gleichgewicht ist.

Danach dürfen (und sollten meiner Meinung nach) gesunde Kohlenhydratquellen wieder auf dem Speiseplan stehen.

Insbesondere fermentierbare Polysaccharide und Oligosaccharide solltest du auf ein Minimum reduzieren, bis sich die Symptome verbessern (siehe nachstehende Tabelle).

Man nennt diese Gruppe der Lebensmittel auch FODMAPs (*fermentable oligo-, di-, monosaccharides and polyoles)*, wobei diese sogar einen Teil der „erlaubten" Lebensmittel wie Nüsse, Obst und Gemüse einschließen. Diese sehr extreme Art der Intervention ist jedoch nicht eindeutig belegt und sollte immer im Einzelfall geklärt werden.

Betonen möchte ich an dieser Stelle noch mal, dass du solch eine Ernährungsform langfristig nicht durchführen solltest. 6 Wochen sollten das Maximum sein[89], um auch im Schlaf nüchterne Phasen bezüglich des Glykogens in der Leber zu kontrollieren.

Fermentierbare Kohlenhydrate[90 91 92]

Polysaccharide	Stärke, Amylose, Amylopectin, modifizierte Stärke	Getreide, Kartoffeln, Kürbis, Süßkartoffeln, Hülsenfrüchte
	Resistente Stärke	Overnight Oats, grüne Bananen, abgekühlte Kartoffeln, Getreide
	Inulin	Artischocken, Yacon, Wurzelgemüse
Oligosaccharide	Fruktane, Galaktooligosaccharide	Früchte, Zwiebeln, Knoblauch
	Pektin	Möhren, grüne Bohnen, Tomaten, Äpfel, Orangen

Da bleibt die Frage: Was kann ich überhaupt noch essen? Wie du siehst, sind in dieser Tabelle ein paar der besten Lebensmittel für deine Darmgesundheit aufgelistet, deshalb ist mir dieser Punkt noch mal sehr wichtig:

Alle in der Tabelle aufgeführten Lebensmittel füttern deine Darmbakterien. Sind deine Darmbakterien am richtigen Ort, ist das hervorragend, iss sie täglich. So viel du willst, wann du willst. Sind deine Bakterien jedoch am falschen Ort, ist es fatal, denn dann förderst du ein Wachstum an falscher Stelle. Das ist wie mit Marienkäfern: Es ist wundervoll, wenn sie draußen am richtigen Ort herumfliegen und frei sind. In meinem Wohnzimmer, am falschen Ort, wird eine ganze Kolonie an Marienkäfern jedoch zur Plage.

2. **Fette und Proteine**

Proteine und Fette solltest du während einer SIBO-Kur bevorzugen.

Je nachdem, wie pflanzenbasiert oder tierbasiert deine Ernährung normalerweise ausfällt, kann das Ganze schwieriger oder leichter werden. Ich habe mich damals sehr viel von Nüssen und Salat ernährt. Zum Glück gibt es göttliche Lebensmittel wie Tahini, die du hervorragend zu etwas gegrilltem Brokkoli, marinierter Aubergine oder – falls in deiner Ernährung vorhanden – etwas Fisch träufeln kannst.

MCT-Fette sind ebenfalls eine hervorragende Wahl bei SIBO, selbst wenn du aktuell Fette nicht so gut aufnehmen kannst.[93] Erinnerst du dich noch an mein erstes Buch „100 werden 1"? Dort hast du gelernt, wie großartig MCT-Fette für deine Mitochondrien sind. Dasselbe gilt auch für deinen Darm.

MCT-Fette können mühelos vom Körper absorbiert werden und unterstützen dich dabei, nicht zu viel an Gewicht zu verlieren.

Ja, es gibt reines MCT-Öl; ich erachte aber rohes Kokosmus als die deutlich schmackhaftere Variante, auch wenn MCT-Öl durch die Geschmackneutralität leicht in Smoothies, Shakes oder sogar Kaffee gerührt werden kann. Die Firma *Dr. Goerg* ist, was Kokosprodukte angeht, der Dealer deines Vertrauens. Eine bessere Qualität kenne ich fast nicht. Mach dich da einfach mal ein wenig schlau. Als Rezept:

20 bis 30 g Kokosmus mit 100 ml warmem Wasser vermengen. Wenn du die Milch etwas cremiger haben magst, nimm ruhig etwas weniger Wasser. Das ergibt eine schnelle, gesunde und nährstoffreiche Kokosmilch. Ansonsten kannst du es auch zu Porridge, Müsli oder Trockenfrüchten geben. Eine Dattel gefüllt mit Kokosmus ist himmlisch!

Hier eine Tabelle der Lebensmittel, die du bei einer SIBO-Kur bevorzugen solltest:[94]

Empfohlene Lebensmittel bei SIBO

Empfohlene Lebensmittel bei SIBO
Fleisch, Fisch, Eier, Butter, Ziegenkäse, Gouda
Gemüse, Salat, reifes Obst
Leinsamen, Chiasamen, Sesam, Sonnenblumenkerne, Kürbiskerne, Mohn
Walnüsse, Pekannüsse, Mandeln, Haselnüsse, Cashewkerne, Paranüsse, Pistazien, Macadamianüsse, Zedernnüsse, Pinienkerne
MCT-Fette, Olivenöl, Walnussöl, Leinöl
Gewürze, Kräuter
Hülsenfrüchte in Maßen

DIE SCHÄDLICHSTEN LEBENSMITTEL FÜR DEINEN DARM

Frittierte Lebensmittel stehen ziemlich weit oben auf der Bad-Boy-Liste. Insbesondere wenn sie in Buden frittiert werden, wo das Öl mehrmals verwendet wird. Das liegt daran, dass sich die veränderte Zusammensetzung des Öls durch Hitze negativ auf deine Darmbakterien auswirken kann.[95] Insbesondere frittiertes Fleisch kann die Diversität deiner Darmbakterien enorm senken.[96]

Ab und an Falafel ist sicher okay, aber Frittiertes sollte wirklich nur eine Ausnahme bleiben, wenn du deinen Darm heilen möchtest.

Insbesondere regelmäßiges Trinken kann das Wachstum der gesundheitsschädlichen Darmbakterien fördern, womit auch die Zahl der gesundheitsfördernden Darmbakterien reduziert wird.[97] Besonders ärgerlich ist dabei, dass gesundheitsschädliche Bakterien beim Sterben bestimmte Polysaccharide freisetzen, die Entzündungen im Körper fördern. Gesundheitsfördernde Bakterien haben diese Eigenschaft nicht. Auch greift Alkohol die Verknüpfungen deiner Darmzellen an. Somit wird der Darm anfälliger, was sich negativ auf deine Gesundheit auswirken kann.[98] Sicher ist ein Glas ab und zu kein Ding. Ich bin zudem froh, dass ich diese Information noch nicht in meiner Jugend hatte. Bei den Party-Urlauben nach Spanien muss mein Darm ganz schön gelitten haben. Heute trinke ich fast gar nicht mehr, ich habe aber auch keine Freude mehr dran. Wichtig ist, denke ich, für dich einen gesunden Umgang mit Alkohol zu finden.

Mit Fruktose meine ich nicht deine tägliche Portion wilde Blaubeeren oder deine Banane, sondern Süßungsmittel und Sirupe, die so lange verkocht wurden, bis sie nichts weiter als Fruktose, also Zucker beinhalten.

Fruchtsäfte, Softdrinks, Agavensirup, Maissirup, Zucker und Fruchtjoghurts sind allesamt nicht nur reich an Fruktose, sondern zudem auch arm an Ballaststoffen. Auch bei Ketchup, Fertigsoßen und Salatdressings solltest du ein Auge auf die Zutatenliste haben. Das wirkt sich nicht nur negativ auf deinen Stoffwechsel und deine Darmzusammensetzung aus,[99] sondern lässt auch dein Insulin in die Höhe schießen, was langfristig zu einer Insulinresistenz führen kann.[100] Denk immer an mein Zitat: Nimm das Lebensmittel so, wie es am Baum, Busch, Feld oder im Wasser wächst, und vermenge es mit Nüssen, Kernen, Samen und Ölen in Rohkost-Quali.

Joghurt und Kefir sind okay, auch Rohmilchbutter esse ich wegen der mittelkettig gesättigten Fette ab und zu gerne.

Normale Milch würde ich aber meiden. Das liegt daran, dass Milch das Wachstum der günstigen Bifidobakterien hemmt und das Wachstum der Prevotella-Bakterien fördert.[101]

Wobei wir bei Prevotella schon ein wenig genauer hinschauen müssen. Prevotella Copri ist nicht prinzipiell schlecht; es kommt sehr darauf an, wie du dich ansonsten ernährst. Isst du sehr viele Ballaststoffe, kann Prevotella für dich gesundheitsfördernde kurzkettige Fettsäuren produzieren – super für den Darm!

Ernährst du dich jedoch von vielen hochverarbeiteten Produkten, gibst du den Prevotella-Bakterien eine andere Ernährungsgrundlage und fügst deiner Gesundheit Schaden zu.[102] Ich empfehle, bei Milch auf Rohmilch zurückzugreifen. Ansonsten nutze ich gerne Kokosmilch oder ab und zu auch ungesüßte Sojamilch.

Der Konsum von hochverarbeiteten Produkten macht es deinen guten Darmbakterien unmöglich, sich zu entfalten. Schlimmer noch: Die schlechten Darmbakterien haben es durch den hohen Zuckergehalt dieser Chemiebomben noch leichter, sich in deinem Darm breitzumachen.

Das führt zu einer enorm ungünstigen Zusammensetzung deines Mikrobioms, erst recht, wenn du allgemein schon nicht genug Ballaststoffe und fermentierte Lebensmittel isst. Noch erschreckender finde ich allerdings, dass die negativen Effekte sogar vererbbar sind.[103] Es macht mich immer wieder traurig, wenn ich an der Supermarktkasse sehe, dass Menschen ihren Einkaufswagen zu einem Großteil mit hochverarbeiteten Fertigprodukten gefüllt haben.

Unter hochverarbeitete Produkte fallen Eiscreme, Schinken, Wurst, Chips, herkömmliches Weißbrot, welches für die Massen produziert wurde, Frühstücks-Cerealien, vorgebackene Kekse, Waffeln und Gebäck, Softdrinks, Fruchtjoghurt, Instant-Produkte wie Suppen, Riegel und einige Alkoholsorten.[104] Falls du dir jetzt die Frage stellst, was du denn dann noch Leckeres essen kannst: dafür hast du dir ja Gott sei Dank dieses Buch gekauft.

In einer perfekten Umgebung würden wir unsere Omega-3-Fettsäuren durch Fische bekommen, welche in sauberen Gewässern schwimmen und nicht in kontaminierten Meeren oder eingezäunten Farmen leben müssen.

Solltest du nicht gerade zufällig in solch einer idyllischen Umgebung wohnen, empfehle ich neben den unten aufgelisteten Quellen den Verzehr eines hochwertigen Fischöls oder Algenöls.

Die Omega-3-Fettsäuren EPA und DHA aus pflanzlichen Quellen können nur zu 10 % umgewandelt werden, da Pflanzen nur die Vorstufe ALA enthalten. ALA ist auch nicht schlecht, aber alle genannten Vorteile werden insbesondere in Verbindung mit EPA und DHA gebracht. Reichlich Leinöl und Walnüsse zu verzehren, reicht also nicht aus, ist aber dennoch sehr wertvoll für die Gesundheit. Ich nehme beides täglich.

Dein Algenöl/Fischöl sollte einen TOTOX-Wert von ca. 25 oder niedriger haben. Der TOTOX-Wert beschreibt, inwieweit das Öl bereits oxidiert ist, also inwieweit es in Kontakt mit Sauerstoff gekommen ist.

Umso höher der TOTOX-Wert → desto höher die Oxidation → desto ranziger das Öl → desto schädlicher für deine Gesundheit.

Olivenöl

Yes, now we're talking. Wie sehr freue ich mich auf dieses Kapitel!

Ein gutes EVOO (Extra Virgin Olive Oil) wurde mittlerweile in Zusammenhang mit zahlreichen gesundheitlichen Benefits gebracht.[118] Bereits 20 g pro Tag reichen aus, um dein Risiko einer Herzkreislauferkrankung sowie dein allgemeines Sterblichkeitsrisiko zu senken. Ich träufele mir Olivenöl ins Porridge, in meine selbstgemachte Schokolade, auf Pasta, Salate, Avocado, gedämpftes Gemüse und natürlich Hummus. Wichtig ist allerdings, dass es ein gutes ist! Kaltgepresste, 100%ige Rohkostqualität.

Die Hauptfettsäure im Olivenöl ist die Ölsaure mit einem Anteil von 55 bis 83 %.[119] Diese Ölsaure wird im Körper in ein bestimmtes Endocannabinoid (OEA) umgewandelt. Dieses OEA wiederum erhöht das Darmbakterium Akkermansia, welches letztlich deine Darmbarriere stärkt und für ein gesundes Milieu in deinem Verdauungstrakt sorgt.

Alles, was du tun musst, um diesen Vorgang in Gang zu setzen, ist, regelmäßig ein richtig gutes Olivenöl über dein Essen zu träufeln.

Ist Akkermansia ausreichend in deinem Darm vorhanden, kann es noch eine ganze Reihe weiterer Effekte mit sich bringen, wie das Senken eines zu hohen Blutdrucks sowie das Kontrollieren deines Blutzuckerspiegels.

Der Grund, wieso mir die Qualität des Öls so wichtig ist, ist aber noch ein weiterer. Ein gutes Olivenöl ist reich an Polyphenolen, insbesondere an Hydroxytyrosol, ein antioxidativ wirkender Inhaltstoff der Olive. Hydroxytyrosol kann nicht nur ein positives Umfeld für deine Darmflora erzeugen,[120] sondern durch seine antioxidative Wirkung Salmonellen und unerwünschte Bakterien wie E. Coli verdrängen.[121]

Leinöl kann hier ähnlich gute Effekte erzeugen. Deshalb zählt Olivenöl für mich auch zu den „Extras", weil es wie bei einem Algenöl keine Ausrede gibt, es nicht zu essen, da es geschmacklich beinahe jedes Essen bereichert und zur Not sogar einfach pur eingenommen werden kann.

Es viele gute Öle, aber gutes Olivenöl und Leinöl gehören, wie ich finde, zur Standardausrüstung im Kampf für eine optimale Darmgesundheit.

Ich habe mittlerweile mein eigenes Ölsortiment. Die Öle werden mühlenfrisch in einer kleinen Ölmühle in 100%iger Rohkostqualität in Rheinland-Pfalz hergestellt. Darauf bin ich unglaublich stolz. Du kommst direkt zu meinem Ölsortiment, wenn den auf Seite 277 aufgeführten QR-Code scannst.

Wenn du dein Öl lieber im Laden kaufen möchtest, empfehle ich das Abtropf-Olivenöl von *Rapunzel* mit dem Namen „Blume des Öls". Auch das naturtrübe Olivenöl von *Casolare* ist empfehlenswert, genau wie die Öle von der Firma *Bio Planete*.

AKKERMANSIA MUCINOPHILA

Ich möchte, dass deine Anzahl an Akkermansia-Mucinophila-Bakterien so hoch wie möglich ist, denn es ist vielleicht das wichtigste Bakterium, welches du für einen starken, intakten und gesunden Darm brauchst.

Der Einfachheit halber werde ich in diesem Kapitel die Buchstaben AM als Synonym für Akkermansia Mucinophila nutzen. Das liest sich leichter. Zunächst erkläre ich dir, wieso AM so wichtig ist, und im Nachgang daran, wie du das Wachstum in deinem Körper positiv beeinflussen kannst. Schauen wir uns das Ganze an.

AM ist der Türsteher deiner Darmzellen. Es befindet sich in der äußeren Schutzebene des Darms und ernährt sich von der dort enthaltenen Schleimschicht, auch Mukosa genannt.

AM ist somit nicht auf die Nahrungszufuhr von uns Menschen angewiesen, sondern benötigt nur das, was sowieso schon in uns lebt.

AM macht ca. 3 bis 5 % deines Mikrobioms aus, je nachdem, wie gesund oder ungesund du lebst.[122] Das Großartige an AM ist, dass es Enzyme produziert, welche die Schleimschicht deines Darms fermentieren. Das bedeutet einfach gesagt, dass diese Enzyme von AM den Schleim deiner Darmzellen auffressen.

Als Beiprodukt aus dieser Fermentation entstehen Vitamine, Aminosäuren und kurzkettig-gesättigte Fettsäuren, welche wiederum uns Menschen und auch den anderen Bakterien im Darm gesundheitliche Vorteile bringen können.

Jetzt könnte man sich fragen, wieso AM so gut für den Darmschutz ist, wenn die einzige Aufgabe dieses Bakteriums darin besteht, diese zu fermentieren, also aufzuessen. Du kannst dir das Ganze ähnlich vorstellen wie im Gym. Du trainierst und fügst deinen Muskeln Schäden in Form von kleinen Mikrorissen zu, wodurch du zunächst geschwächt bist. Das macht sich dadurch bemerkbar, dass du unmittelbar nach dem Training weniger Kraft hast als davor. In den darauffolgenden Tagen wird sich dein Körper jedoch durch den Prozess der Superkompensation an diesen neuen Reiz angepasst haben. Die Folge ist, dass du beim nächsten Mal noch mehr drücken kannst und stärker geworden bist.

Ähnlich läuft es auch in den Darmzellen ab. Umso mehr Schleim AM fermentiert, desto mehr werden die Zellen angeregt, neuen Schleim zu produzieren.[123]

Auch, was Übergewicht, Insulinresistenz und Entzündungswerte angeht, liefert AM vielversprechende Ergebnisse.[124]

Die Message ist also klar: Wir sollten unbedingt dafür sorgen, dass dieses Bakterium in uns ausreichend vorhanden ist und sich jeden Tag so richtig schön satt essen kann.

6 Wege, Akkermansia Mucinphila zu erhöhen

1. Supplementation

AM kannst du durch ein Nahrungsergänzungsmittel zu dir nehmen; und das ohne Nebenwirkungen. Es ist also recht sicher.[125] Ich bin jedoch kein Freund davon, immer alles zu ergänzen, erst recht nicht, wenn man es durch die Ernährung natürlich beeinflussen kann. Ich möchte nur, dass du weißt, dass es diese Option theoretisch gibt. Schauen wir uns weitere Methoden an.

2. Probiotika mit Rhamnosus und Bifido

Auch wer ein allgemein vielfältiges und artenreiches Mikrobiom hat, wird automatisch mehr AM in seinem Darm vorfinden. Insbesondere die Stränge Rhamnosus und die Bifidobakterien erhöhen AM. Das Probiotikum, welches wir für unseren selbst gemachten Superjoghurt nutzen, enthält u. a. diese beiden Stämme und ist eine erstklassige, natürlich Wahl, AM in deinem Darm anzuregen. Die Anleitung zum Joghurt findest du ab Seite 35. Das Probiotikum findest du hinten im Buch in den Bezugsquellen verlinkt.

3. Fructo-Oligosaccharide (FOS)

FOS sind Kohlenhydrate bzw. Ballaststoffe, die ausschließlich in Pflanzen vorkommen.

FOS findest du vorrangig in Bananen, Chicorée, Spargel, Artischocken, Zwiebeln, aber auch in Topinambur und Vollkorngetreide, insbesondere in seiner Urform. Geh ruhig öfter mal in den Bioladen oder in einen Afro-Shop bei dir in der Nähe und nimm dir etwas Topinambur mit. Du kannst die Knolle genauso verwenden wie Süßkartoffeln und sie mit etwas Knoblauch und Petersilie anbraten, dampfgaren oder mit in deine Currys oder Suppen werfen. Topinambur ist echt klasse.

4. Yaconsirup, Flohsamenschalen & Orangenschalen

Eine einfache Darmreinigung kann daraus bestehen, dass du täglich 1 Stunde vor dem Frühstück 1 großes Glas Wasser mit 1 EL Flohsamenschalen trinkst, deinen Porridge mit 20 ml Yaconsirup süßt und dazu eine ganze Bio-Orange mit

Schale snackst. Bio-Orangen enthalten, wie wir bereits gelernt haben, reichlich Pektin, während Yaconsirup eine großartige Quelle für Inulin ist. Beides kann die Konzentration an AM in deinem Darm erhöhen.

5. Tempeh

Tempeh ist ein fermentiertes Sojaprodukt, wobei es im Bioladen auch immer öfter Sorten aus Kichererbsen, Wachtelbohnen und Kidneybohnen gibt. Tempeh wird meistens gebraten. Dabei schmeckt er auch damgfgegart wirklich lecker, insbesondere wenn du ihn in Salate, Currys oder Suppen wirfst. Um AM zu erhöhen, brauchst du jedoch die Variante mit Soja. Isst du 2 Wochen lang jeden Tag 100 g dampfgegarten Tempeh, kannst du damit die Anzahl an AM in deinem Darm deutlich steigern.[126] Zudem ist Tempeh reich an Ballaststoffen und hochwertigem, vollständigem Eiweiß. Super, wenn du trainierst. Im Buch findest du auf Seite 215 das Rezept „Sticky Tempeh Ribs". Probier das unbedingt aus, unglaublich lecker! Es gibt im Bioladen auch vormarinierte Sorten mit Curry oder Gyros, probiere dich da einfach mal durch.

6. Polyphenole

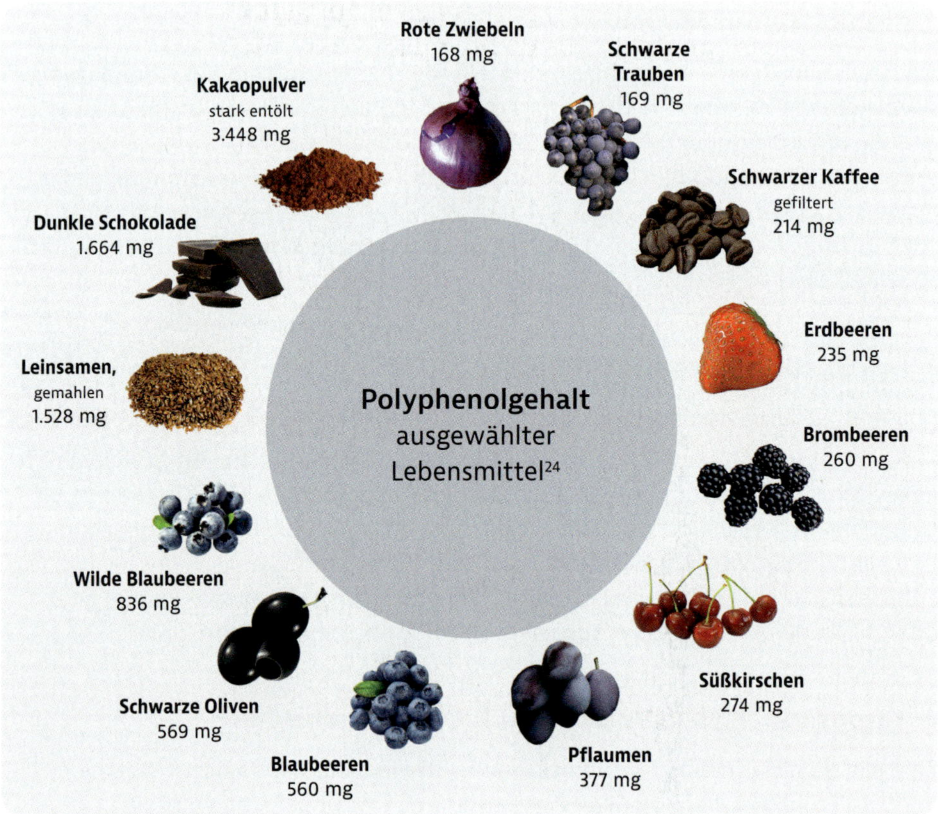

Polyphenolgehalt pro 100 g

... und hier sind wir wieder beim Kakao. Polyphenole sind großartig, um nicht nur ein allgemein freundlicheres Darmmilieu zu erschaffen, sondern insbesondere auch, um AM zu triggern. Ich habe dir die Polyphenol-Grafik aus meinem ersten Buch nochmals eingefügt, so hast du einen Überblick, welche Quellen richtig reich an Polyphenolen sind. Du siehst, der Kakao ist auch hier wieder ganz oben.

Nicht auf der Liste stehen Rhabarber und Cranberrys. Beide sind jedoch ebenfalls super, wenn es darum geht, AM zu erhöhen.[127] [128] Rhabarber esse ich persönlich nicht so gerne, aber ungesüßte getrocknete Cranberrys im Porridge sind super! Egal, für welches Lebensmittel du dich entscheidest, wenn du es schaffst, 650 bis 900 mg Polyphenole pro Tag zu dir zu nehmen, wäre das schon richtig, richtig super!

DIE PERFEKTE DARMMAHLZEIT: PICK & CHOOSE

Die nachfolgende Tabelle soll dir im Alltag helfen, darmfreundliche Entscheidungen zu treffen. Unter der jeweiligen Rubrik siehst du, wie viele der Lebensmittel du pro Tag mindestens zu dir nehmen darfst. Gerne aber auch mehr, hier gibt es kein Limit.

Ballaststoff	**Fermentiert**	**Bitterstoff**	**Ergänzung**
Mind. 3 / Tag	**Mind. 1 / Tag**	**Mind. 2 / Tag**	**Mind. 2 / Tag**
Leinsamen	Kefir	Oliven	Vitamin D
Pilze	Joghurt	(Roh-)Kakao	Algenöl/Fischöl
Kakao, Schokolade mind. 85%ig	Sauerkraut, unpasteurisiert	Olivenöl, extra vergine, kaltgepresst	Olivenöl, extra vergine, kaltgepresst
Möhren	Kimchi	Schwarzkümmelöl	Jod
Linsen, Sojabohnen, Kichererbsen	Fermentiertes anderes Gemüse	Zitrusfrüchte, mit Schale	Polyphenolreiche Lebensmittel*
Chiasamen	Natto	Grüner Tee	Paranüsse
Kidneybohnen	Tempeh	Cranberrys	Kokosmus, roh
Avocados	Miso	Kreuzblütler	Leinöl
Schwarze Bohnen	Feto	Chicorée	Zimt
Walnüsse, Pekannüsse	Kombucha, ungezuckert	Löwenzahn, frisch oder als Pulver	Probiotika, falls nötig für den Start
Äpfel	Apfelessig	Radicchio	Oregano
Haferkleie, Haferflocken	Sauerteigbrot, Vollkorn	Espresso, schwarzer Kaffee	Kurkuma, ohne Pfeffer
Yaconsirup	Rohmilchkäse	Rucola	Chili

* Siehe Grafik Seite 94.

Beispieltag Luke

Im Folgenden ein Beispieltag, wie ich die Lebensmittel aus den 4 Kategorien mit 2 Mahlzeiten pro Tag zu mir nehme.

Direkt vor dem Frühstück

- 1 EL 100 werden Öl
- 1 bis 2 EL Algenöl
- 1 EL Rohkost-Grünpulver in Wasser/Weizengras-Shot

Frühstück

- 250 g Joghurt (meistens selbst gemacht)
- 150 g wilde Heidelbeeren
- 100 g Haferkleie/Haferflocken
- 1 Apfel
- 30 g dunkle Schokolade
- Ein paar Paranüsse
- 20 ml Yaconsirup
- 2 EL Leinsamen
- 1 EL Olivenöl
- ½ TL Zimt
- ¼ TL Kurkuma

Direkt nach dem Frühstück

- Raus in die Sonne für Vitamin D oder Supplement
- Vitamin B12

Abendessen

- Ein paar Oliven in Rohkostqualität
- Fermentiertes Gemüse
- Olivenöl
- Süßkartoffeln
- Avocado
- Tofu/Tempeh
- Sojasoße
- Chili
- Kurkuma

Getränke

- Vor 13:00 Uhr Matcha, Espresso oder Americano. Ansonsten 2 bis 3 Liter Wasser pro Tag

SUPERFOODS, DIE DU FÜR DIESES BUCH BRAUCHST

Ich habe, wie auch bei meinem ersten Kochbuch, darauf geachtet, dass du alle Lebensmittel im Supermarkt, Bioladen oder in der Drogerie bekommst. Ein paar Superfoods darfst du dir jedoch gerne online bestellen. Du findest alle Produkte hinten in den Bezugsquellen.

Yaconsirup

Yacon ist das einzig wirklich gesunde Süßungsmittel, welches ich empfehle. Der hohe Anteil an FOCS, Fructooligosacchariden (ein Kohlenhydrat), kann von uns Menschen nicht verdaut werden. Das ist gut, denn so machen sich unsere Darmbakterien über sie her, was insbesondere das Wachstum der gesundheitsfördernden Bifidobakterien erhöht. Yacon enthält 35 g Ballaststoffe, hat also mit einem Süßungsmittel nichts zu tun und lässt sich dennoch genau wie eins verwenden.

Roher Kakao

Roher Kakao hat alle Vorteile des „normalen" Kakaos – nur in vielfacher Form. Roher Kakao wird aus ungerösteten Kakaobohnen hergestellt und behält dadurch einen Großteil seiner Nährstoffe. Durch das fehlende Röstaroma schmeckt er etwas weniger intensiv als herkömmlicher Kakao. Manchmal mische ich mir deshalb rohen Kakao und gerösteten Kakao in einem Verhältnis von 70:30.

Olivenöl

Olivenöl ist für mich ein Superfood, denn ich rede von dem wirklich guten Zeug. Wie bereits erwähnt, darfst du beim Olivenöl gerne nach absoluter Premium-Qualität streben. Ich sehe das Ganze wie einen guten Wein oder einen perfekt gebrühten Espresso. Auch wenn dies nicht immer der Fall ist, aber meistens bekommt man beim Olivenöl das, wofür man bezahlt. Achte zusätzlich auf eine Flasche aus Braunglas, damit das Olivenöl lichtgeschützt ist.

100-werden-Öl

Hier gilt dasselbe wie fürs Olivenöl. Du kannst es dir gerne zur Routine machen, 1 EL von meinem 100-werden-Öl vor oder nach dem Frühstück zu dir zu nehmen. Mein 100-werden-Öl liefert nicht nur die Omega-3-Fettsäure ALA aus Goldlein und der Walnuss, sondern zusätzlich durch die Mikroalge Schizochytrium sp. die Omega-3-Fette EPA und DHA. EPA und DHA bekommst du ausschließlich aus Fisch und Algen. Optimalerweise ergänzt du das Ganze noch mit meinem Leinöl; so mache ich es auch.

MAGNESIUM – EIN BIG PLAYER FÜR DEN DARM

Jeder Nährstoff ist wichtig, aber ich möchte dich ermutigen, insbesondere auf eine ausreichende Magnesiumversorgung zu achten.

Sportler brauchen Magnesium wegen der Muskulatur. Das weiß mittlerweile jeder.

Zu selten wird darüber gesprochen, dass auch dein Darm von einem muskulären Gewebe umgeben ist. Diese Muskulatur ist im Wechsel angespannt und entspannt, so kann bei dir die Nahrung schön flüssig fließen und der Stuhlgang ist so, wie er sein sollte. Nimmst du nicht genügend Magnesium zu dir, kann die Entspannung nicht korrekt stattfinden, sodass dein Darm in einer Daueranspannung ist. Die Folge? Verstopfungen.

Verstopfungen müssen im Übrigen nicht immer schmerzhaft sein. Auch wenn du nur kleine, rissige Köttel abführst, leidest du sehr wahrscheinlich an einer Verstopfung. Schau hier gerne noch mal im Kapitel ab Seite 75 nach und orientiere dich an den Grafiken.

Magnesium ist essenziell für deine Darmgesundheit.

Im Vollblut sollte dein Wert zwischen 1,6 und 2,4 mmol/l liegen und im Serum zwischen 0,7 und 1,05 mmol/l.[129] Lass das ruhig mal testen, dann hast du einen Richtwert.

Auf Instagram habe ich vor längerer Zeit ein Darm-Video gemacht, welches die wichtigsten Nährstoffe für deine Darmgesundheit behandelt hat. Vielleicht erinnerst du dich ja. Magnesium war hier ebenfalls dabei. Viele deiner Verdauungsenzyme funktionieren ohne Magnesium nicht. Du musst dir vorstellen, dass Enzyme bestimmte Cofaktoren brauchen. Cofaktoren kannst du dir vorstellen wie kleine Helfer.

Beispiel: Dein Handy hat zwar die Instagram-App, aber ohne Internet funktioniert die App nicht wirklich. Dein Instagram kannst du dir als Enzym vorstellen und das Internet ist der Cofaktor. Einer der wichtigsten Cofaktoren von über 600 Enzymen ist Magnesium.[130]

Schade, dass ca. ein Drittel der in Deutschland lebenden Menschen nicht ausreichend mit Magnesium versorgt ist; dabei gibt es so großartige Quellen.[131]

Meine Lieblingsquellen sind Nüsse, Kerne und Samen. Samen. Sesamsamen. Tahini! Ich liebe Tahini und könnte es überall drüber träufeln. Tahini hat eine leicht bittere, nussige und vollmundige Note und sollte nur in allerbester Qualität auf deinen

Tisch kommen. 100 g Tahini aus ungeschälten Sesamsamen decken ca. 90 % deines Tagesbedarfs.

Natürlich isst kein Mensch täglich 100 g Tahini, aber der Fakt, dass 20 bis 30 g dieser großartigen, flüssigen Paste schon richtig was für deine Darmgesundheit ausrichten können, ist phänomenal.

Letztlich sind aber alle Nussmuse gut. Auch Haselnussmus liefert reichlich Magnesium, genau wie Erdnussmus, Mandelmus und Cashewmus.

Du findest in diesem Buch viele Rezepte mit Tahini. Hinten im Buch findest du auch meine Bezugsquelle, leider ist es alle paar Woche ausverkauft. Ich kaufe deshalb meist größere Mengen auf Vorrat. Tahini sollte bio, schön flüssig und am besten aus ganzen Sesamsamen gemacht sein. Die besten Sesamsamen kommen aus den fruchtbaren Böden in Humera, Äthiopien. Achte da gerne drauf.

Wenn du kein Tahini magst, kannst du in fast jedem Rezept aus diesem Buch das Tahini gegen weißes Mandelmus tauschen.

Aber egal, ob mit Tahini oder ohne, auf dein Magnesium darfst du gerne achten. Ein Supplement ist nur bei einem Mangel nötig. Hier kannst du kurzfristig ergänzen. Langfristig sollten aber ganze Lebensmittel deinen Bedarf decken. Magnesium-Supplements kommen in vielen Formen, ich empfehle Citrat.[132] Bisglycinat ist ebenfalls recht gut.

Eine Tabelle mit meinen Top-Magnesiumlieferanten findest du auf der nachfolgenden Seite.

Magnesiumwerte

Werte pro 100 g

Hanfsamen,
geschält:
483 mg

Kakao:
410 mg*

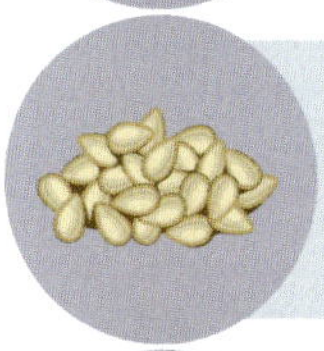

Sesamsamen,
ungeschält:
330 mg

Tahini,
aus ungeschältem
Sesam:
326 mg

Tahini,
aus geschältem
Sesam:
284 mg

Leinsamen:
320 mg

Mandeln:
240 mg

Haselnüsse:
160 mg

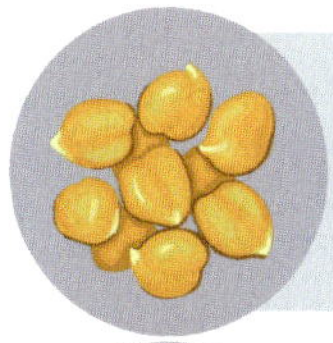

Kichererbsen:
140 mg

Walnüsse:
140 mg

Haferflocken:
120 mg

Tofu:
100 mg

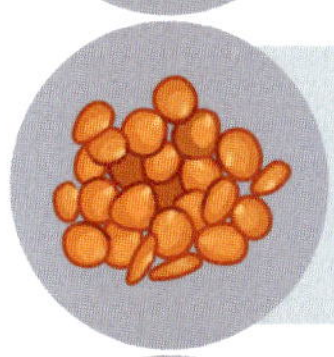

Linsen:
96 mg

Spinat:
90 mg

Grünkohl:
38 mg

* Demnach sind dunkle Schokolade, Kakaonibs & Rohschokoladen ebenfalls eine exzellente Quelle für Magnesium.

BLÄHUNGEN NACH HÜLSENFRÜCHTEN – DIE LÖSUNG

Die Art, wie wir Hülsenfrüchte verzehren, ist nicht „natürlich". Meistens kaufen wir die Bohnen im Glas, anstatt die getrocknete Bohne selbst langsam zuzubereiten. Wer mal im Mittleren Osten unterwegs war, weiß, dass die Kichererbsen für den wunderbar cremigen Hummus nie aus der Dose kommen, sondern aus dem Kochtopf. Die Bohnen in der Dose werden meist mit sehr viel Druck so schnell wie möglich weichgekocht und dann lange gelagert. Das ist praktisch, führt aber eben bei einigen zu Blähungen.

Nur dass wir uns nicht falsch verstehen: So oder so sind Hülsenfrüchte gesund; ich möchte dir hier nur das Optimum vorstellen.

Ich erinnere mich immer gerne daran, als ich kurz vor Ladenschluss noch zu meinem Lieblings-Hummus- und Falafel-Restaurant in Tel Aviv gehuscht bin und Christopher mit seinen Jungs kiloweise Hülsenfrüchte für den nächsten Tag eingeweicht hat. Die Kichererbsen wurden dann am nächsten Tag frisch in riesigen Töpfen gekocht, um aus ihnen dann den leckersten Dip der Welt zuzubereiten.

Wenn du Probleme mit Hülsenfrüchten hast, probiere mal die folgende Art der Zubereitung. Diese Art dauert wesentlich länger, braucht aber eigentlich mehr gutes Timing als aktive Zubereitungszeit.

Schritt 1: Kauf dir richtig gute Bio-Hülsenfrüchte, am besten hier aus Europa.

Schritt 2: Nimm dir deine Hülsenfrüchte und weich sie für 24 Stunden in Wasser ein. Bei Kichererbsen reichen 8 bis 10 Stunden. Optimal wäre gefiltertes Wasser, andernfalls nimmst du das Wasser, welches dir zur Verfügung steht. Die Bohnen sollten gut bedeckt sein. Ich empfehle, nicht mehr als 100 bis 150 g Bohnen einzuweichen. Die Bohnen quellen noch auf, so hast du später eine ordentlich große Menge.

Schritt 3: Gut möglich, dass einige Hülsenfrüchte nach dieser Zeit bereits zu keimen beginnen, d. h., sie haben kleine Fortsätze gebildet. Das ist hervorragend, so wird die Bohne bereits bekömmlicher. Jetzt gibst du das Einweichwasser weg, spülst die Bohnen kurz ab und kochst sie in reichlich gesalzenem Wasser auf.

Zellerneuerung. Während des Fastens eignen sich dafür Sport, grüner Tee, Hibiskustee, Zitronenwasser, Koffein und Apfelessig. Vor dem Fasten eignet sich dafür Spermidin. Isst du als letzte Mahlzeit vor dem Fasten reichlich Spermidin, kann dies dein Intervallfasten positiv beeinflussen. Wenn du zusätzlich morgens noch nüchtern Sport treibst und davor einen schwarzen Kaffee, Matcha oder ein Glas Wasser mit frisch gepresster Zitrone trinkst, hast du den Jackpot!

Nachfolgend findest du eine Tabelle der Spermidin-reichsten Lebensmittel. Nicht auf dieser Liste findest du jedoch gekeimtes Getreide.

Beispiel: Ich esse täglich gekeimten Hafer oder mache mir meine Wraps aus gekeimtem Urkorn mit etwas Wasser, Salz und Olivenöl. Je nachdem, wie lange das Korn gekeimt wurde, schießen die Spermidinwerte dramatisch in die Höhe. Deshalb ist gekeimtes Getreide immer eine sinnvolle Ergänzung zu den unten aufgeführten Lebensmitteln.

Da Spermidin recht hitzestabil ist, kannst du die genannten Lebensmittel auch kurz kochen. Da Spermidin jedoch nicht vollständig gegen Hitze resistent ist und sich bei längerer Verarbeitung sukzessive abbaut, empfehle ich, die genannten Lebensmittel nur schonend zuzubereiten. Ich dampfgare die genannten Lebensmittel allerhöchsten oder snacke sie im Falle der Mango einfach roh.

Angefügt an die Tabelle findest du eine Beispielmahlzeit von mir, die ich regelmäßig zusammen mit Vicky abends an Trainingstagen esse: einen Spermidin-Booster mit dem Maximum an Geschmack.

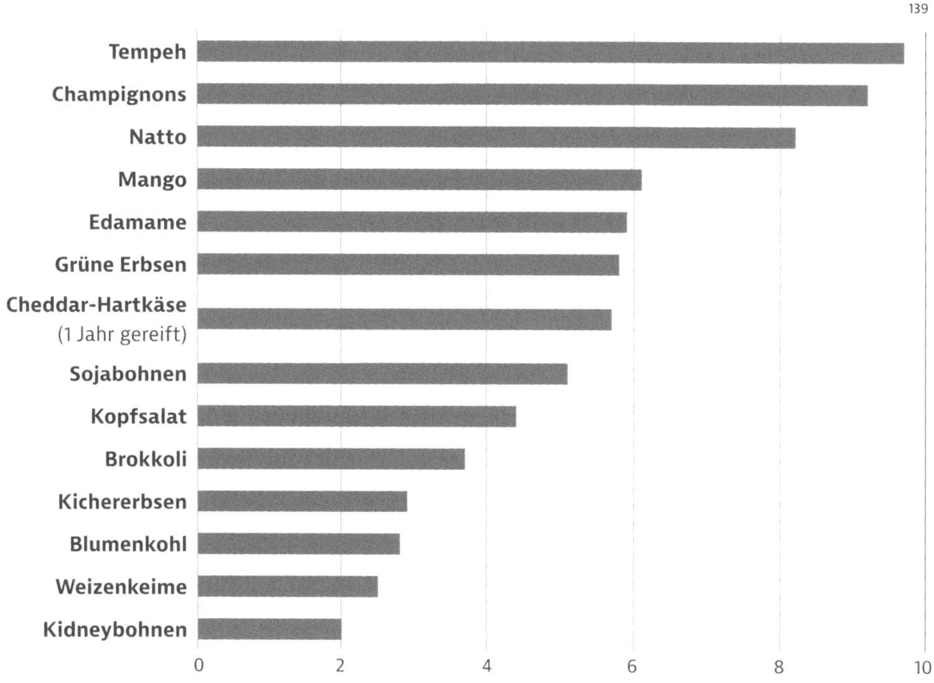

Meine Beispielmahlzeit

100 g Pilze
100 g Tempeh
50 g grüne Erbsen
3 Stangen Lauchzwiebeln
½ Bund Petersilie
Tahini
Walnüsse
Balsamicoessig
Olivenöl

Ich esse diese Mahlzeit insbesondere abends gerne, bevor ich ins Intervallfasten starte. Gerade abends sind Proteine für mich sehr wertvoll und vor allem leicht verdaulich. Ich bin kein Fan von „keine Kohlenhydrate am Abend“, aber ich merke, wie mir fett- und proteinreiche Mahlzeiten am Abend deutlich besser bekommen. Guten Tempeh findest du mittlerweile locker im Bioladen, manchmal sogar im Supermarkt. Im Asialaden ist er jedoch deutlich günstiger, aber auch etwas „authentischer“ und kräftiger im Geschmack.

Bei Pilzen nimm einfach, was du gerne magst. Austernpilze kommen oft aus Deutschland und sind noch recht ursprünglich, aber auch Champignons und Kräuterseitlinge sind toll.

EINE GESUNDE ERNÄHRUNG LOHNT SICH!

Ich möchte dich dazu ermutigen, das Investment in deine Gesundheit als größtes Investment zu sehen, welches du machen kannst.

Gesund sein lohnt sich! Das Gefühl eines reinen Hautbildes, einer ausgeglichenen Stimmung, hoher Vitalität und einer optimal funktionierenden Verdauung ist unbeschreiblich!

Regelmäßig kritisieren mich Menschen dafür, dass meine Lebensmittel ja so teuer seien. „Wie kann man 130 € für 10 kg wilde Blaubeeren ausgeben?!" Klar, wenn das Geld nicht da ist, ist es nicht da. Aber wie schnell geben wir mal 130 € für Hotels, Sprit oder Klamotten aus? Die Rendite eines gesunden Lebensstils spürst du jeden Tag, nicht erst nach 50 Jahren mühsamen Sparens.
Ich habe als Reaktion auf mein erstes Buch so viele tolle Nachrichten von euch bekommen, wie viel besser es euch geht und wie geschmeidig auf einmal alles läuft. Das zeigt, welch Potential in Lebensmitteln und der Bewegung steckt.

Eine gesunde Ernährung ist sicher nicht das einzige Allheilmittel, aber sie kann verdammt viel Positives für uns anrichten! Die Entscheidung liegt bei dir. Jeden Tag an der Ladenkasse.

Ich habe damals auch immer gedacht: „4 Euro für eine Packung Beeren?" Heute denke ich mir: „4 Euro für eine große Portion Pommes?"

Lebensmittel müssen nicht deine Nr. 1 Priorität im Leben werden, du hast sicher auch noch andere Hobbys und Dinge, die Geld kosten. Aber es würde mich unglaublich freuen, wenn du das Investment in gute, regionale, biologische Lebensmittel als etwas ansiehst, das sich lohnt. Jeden Tag aufs Neue.

... und unter uns: Gute Produkte schmecken auch einfach besser.

Rezepte

GESUNDER START IN DEN TAG

PUMA

100 WERDEN MANDEL SCHOKO KOKOS GRANOLA

Flüssige Zutaten

140 g Datteln, weich
100 g Mandelmus, braun
50 g dunkle Schokolade, mind. 90 %

Feste Zutaten

200 g Haferflocken, Großblatt
100 g Walnüsse
60 g Kokoschips
50 g Rosinen
30 g Kakaopulver
1 TL Zimt, Ceylon, ca. 2 g

Luke Das Granola aus „100 werden 1" war schon ein Renner, so habe ich mich für eine Version 2.0 entschieden. Unfassbar lecker! Ballaststofftechnisch hast du hier alles, was du brauchst. Lässt du das Granola ordentlich abkühlen und isst es erst am nächsten Tag, hat sich Resistente Stärke gebildet. Der Prozess dauert ca. 12 – 24 Stunden. RS ist hervorragend für deine Darmbakterien und dient ihnen als Nahrung.

ZUBEREITUNG

Dunkle Schokolade in einem Wasserbad schmelzen und beiseitestellen. **Datteln**, **Mandelmus** und **100 ml Wasser** im Mixer zu einer klebrigen Masse pürieren. Backofen auf 140 Grad Umluft vorheizen.

Walnüsse mittelgrob hacken und mit den **Haferflocken**, **Rosinen** und **Kokoschips** in einer großen Schale vermengen. **Kakaopulver**, **Zimt** und **Steinsalz** untermischen. Die geschmolzene **Schokolade** hineinträufeln lassen und gründlich vermengen.

Den **Dattel-Mandel-Mix** hinzufügen und sehr gründlich mit einem Spachtel für 3 – 4 Minuten vermengen, bis alles miteinander verbunden ist.

Die Masse auf ein Backbleck verteilen und mit dem Rücken eines angefeuchteten Löffels oder einem Spachtel so glatt und gleichmäßig wie möglich ausstreichen.

Für 25 Minuten auf der mittleren Schiene backen. Herausnehmen, behutsamen wenden und für weitere 20 – 25 Minuten backen.

Das Granola herausnehmen und an einem kühlen Ort vollständig abkühlen lassen. Im Winter stelle ich es nach draußen auf die Fensterbank.

In Stücke brechen und luftdicht lagern.

LUKES EINFACHER, TÄGLICHER JOGHURT FÜR DEN DARM

Cremig mit Crunch | 1 Person

Zutaten

230 g Joghurt, Bio-Joghurt aus Schafsmilch/Ziegenmilch oder Sojajoghurt
1 mittelgroßer Apfel, bio
100 g Haferflocken, bio
20 g Walnüsse
15 g Leinsamen, geschrotet
20 ml Yaconsirup
20 g dunkle Schokolade, mind. 90 %
7 ml Olivenöl
2 Datteln
½ TL Zimt, Ceylon
½ Vanilleschote, bzw. ¼ TL Vanillepulver bzw. 1 TL Vanilleextrakt

ZUBEREITUNG

Walnüsse und **Schokolade** grob hacken, **Apfel** in mundgerechte Stücke würfeln und die **Datteln** in Stifte schneiden. Mit allen anderen Zutaten und einer guten **Prise Steinsalz** in einer Schale vermengen und 10 Minuten stehen lassen. Optional mit weiterem Obst toppen und genießen. Ich esse dazu gerne Feigen, Himbeeren, Blaubeeren oder rote Trauben.

Lukes einfacher, täglicher Joghurt für den Darm

Dieses Frühstück esse ich aktuell täglich, denn es vereint unglaublich viele tolle Dinge, die dein Darm benötigt, um gesund zu funktionieren.

Wenn du aus dem ganzen Buch nur ein einziges Rezept in deine Routine integrieren möchtest, sollte es dieses sein, denn besser kannst du den Tag fast nicht starten.

Weil mir dieses Rezept so wichtig ist, da du damit wirklich viel für deinen Darm tun und erreichen kannst, möchte ich die einzelnen Komponenten kurz mit dir gemeinsam durchgehen.

Joghurt

Da viele Menschen Joghurt essen, ist er in Bezug auf die probiotische Wirkung sicher eins der besterforschtesten Lebensmittel.

Wichtig beim Joghurt ist, dass er nach der Bakterienzugabe nicht mehr erhitzt wurde. Im Einzelfall empfehle ich dir, die Unternehmen einfach anzuschreiben; das habe ich auch gemacht. *Andechser, Paul Söbbeke, leeb* und *Sojade* sind die Joghurt-Dealer meines Vertrauens. Hier sind alle Kulturen noch am Leben. Schafs- oder Ziegenmilch ist in der Regel besser als Kuhmilch, denn diese enthält A2-Casein, welches im Gegensatz zum A1-Casein aus Kühen nicht die entzündungsfördernden Eigenschaften besitzt. Es gibt jedoch ab und zu auch Kuhmilch aus A2-Casein.

Apfel

Äpfel sind an sich keine Ballaststoffbomben; da sind Leinsamen deutlich besser. Äpfel enthalten jedoch Pektin, insbesondere die Schale. Deswegen empfehle ich auch Bio-Äpfel. Pektin ist großartig für einen gesunden Stuhlgang. Zudem sind Äpfel meist heimisch; das gefällt mir gut. Bei Äpfeln nehme ich im Bioladen immer die, die am ältesten und rustikalsten aussehen. Probiere einfach mal was Neues.

Boskoop ist eine gute und gängige alte Apfelsorte.

Haferflocken

Haferflocken, aber auch Haferkleie, enthalten Beta-Glucane, eine bestimmte Art von Ballaststoffen. Diese findest du auch in Roggen; deshalb bevorzuge ich meist Roggenbrot beim Bäcker. Beta-Glucane haben eine hervorragende präbiotische Wirkung und erhöhen das Wachstum gesunder Darmbakterien! Wenn du Probleme mit dem Cholesterin hast, kannst du mit Haferflocken hier zwei Fliegen mit einer Klappe schlagen. Ich kaufe meinen Hafer immer gekeimt, als ganzes Korn, und schrote ihn mir dann frisch in meiner Flockenquetsche. Die Königsklasse, allerdings auch nicht ganz günstig. Normale Bio-Haferflocken sind aber auch schon super!

Walnüsse

Dein Darm braucht Omega-3 und hier sind Walnüsse einfach die besten Nüsse. Ich esse eigentlich nur noch Walnüsse (weil sie von allen Nüssen das beste Omega-3-zu-Omega-6-Verhältnis haben) und Pekannüsse (weil sie von allen Nüssen die meisten Antioxidantien haben).

Leinsamen

Über Leinsamen gibt's vorne ein großes und fettes Kapitel. Ich glaube, hier ist alles gesagt. Es macht übrigens keinen Unterschied, ob du die braunen oder die goldenen kaufst, bzw. sind die Unterschiede marginal.

Goldene Leinsamen schmecken jedoch meist etwas weicher, deshalb verwenden wir diese auch in meinem 100-werden-Öl.

Yaconsirup

Auch über Yacon haben wir lang und breit gesprochen, hier nur ein Tipp für die Praxis: Beginne erst mal mit 5 bis 10 ml und steigere dich dann langsam innerhalb von ein paar Wochen auf die 20 ml. Deine Darmbakterien müssen sich an das neue tolle Futter erst mal gewöhnen und wachsen. Ich würde vorschlagen: von 5 ml auf 20 ml in 4 bis 6 Wochen.

Dunkle Schokolade & Olivenöl

Es gibt ja viele Superfoods da draußen. Möchtest du wissen, was meine sind? Purer Kakao, rohes Olivenöl, frischer Knoblauch und wilde (Blau-)Beeren. Kein Tag vergeht ohne diese Lebensmittel.

Datteln, Zimt & Vanille

Klar, auch Datteln liefern Ballaststoffe, sind aber in diesem Rezept vorrangig wegen des Geschmacks enthalten. Ich liebe Datteln. Zimt und Vanille harmonieren perfekt miteinander. Ganze Vanilleschoten liegen meist so bei 6 €. Ich sehe das wie ein Glas Wein und gönne mir das gerne. Die ausgekratzte Schote kannst du beim Kochen verwenden, um Dinge zu aromatisieren. Hammer Aroma!

LUKES AKTUELLES LIEBLINGSFRÜHSTÜCK

Nussig, frisch und crunchy | 1 Person

Zutaten

250 g Joghurt griechischer Art* oder Sojajoghurt „wie Quark"
7 Feigen, ca. 180 g
1 kleine Avocado
1 Banane, ca. 140 g netto
45 g Medjool-Datteln, optional normale Datteln
40 g Walnüsse
2 – 3 EL Tahini, Marke: *Pepperwood Organics* oder *Al Arz*
1 EL Olivenöl

* Ich nehme nur Schafsmilch oder Ziegenmilch-Joghurt, denn dieser enthält im Gegensatz zu den meisten Joghurts aus Kuhmilch das für den Darm deutlich bessere A2-Casein. Ansonsten nehme ich gerne den Sojajoghurt „wie Quark" von der Firma *Sojade*.

ZUBEREITUNG

Joghurt kreisförmig und mit viel Liebe auf deinem Teller verstreichen. **Feigen** vierteln, **Avocado** halbieren und in Filets schneiden. Falls vorhanden, ein wenig frisch gepressten Zitronensaft über die Avocado geben. **Banane** in dicke Scheiben schneiden und **Walnüsse** grob hacken. Die **Medjool-Datteln** in Streifen schneiden. Den Joghurt mit allen Zutaten toppen und großzügig mit Tahini und einem Esslöffel Olivenöl beträufeln. Zum Schluss eine sehr sanfte Prise Steinsalz über das Frühstück rieseln lassen.

Luke Dieses Rezept ist so wunderschön anzusehen und mindestens genauso wunderschön zu essen. Ich will hier gar nicht viel schreiben, probiere es gerne einfach aus. Du kannst anstelle von Tahini auch braunes Mandelmus nehmen. Es ist nicht dasselbe, denn die bittere Note von Tahini macht das Rezept so besonders, aber es wird auch großartig schmecken. Ich freue mich jetzt schon wieder auf die Feigensaison!

BLAUBEER GRANATAPFEL JOGHURT AUF KRÄFTIGEM VOLLKORNBROT

Frisches und sättigendes Frühstücksrezept | 2 Brote

Zutaten

2 Scheiben Vollkorn-Sauerteigbrot
110 g Sojajoghurt, Schafsmilchjoghurt oder Kefir
50 g wilde Blaubeeren, aufgetaut, optional normale Blaubeeren
30 g Granatapfelkerne
13 g Yaconsirup, optional roher Bio-Honig

ZUBEREITUNG

Joghurt mit den **Granatapfelkernen**, **wilden Blaubeeren**, **Yaconsirup** und einer **Prise Steinsalz** in einer Schale vermengen. Die Brote damit bestreichen und servieren.

Luke Das wahrscheinlich schnellste Gericht aus diesem Buch! Granatapfelkerne sind hervorragend für deine Darmflora und eine der gesündesten Portionen „Violett", die du zu dir nehmen kannst.

PUMPERNICKEL MIT BRUSCHETTA & TAHINI

Schnelles, herzhaftes Frühstück | 2 Brote

Zutaten

2 Scheiben Pumpernickel*
180 g Cherry-Tomaten
30 g Walnüsse
30 g Tahini, Marke: *Pepperwood Organics* oder *Al Arz*
20 ml Olivenöl
Schwarzer Pfeffer
1 kleiner Bund Basilikum

* Achte darauf, dass dein Pumpernickel weder Sirup noch Gerstenmalzextrakt enthält. Gute Pumpernickel findest du bereits bei *dm*. Alternativ sind auch die abgepackten Roggenvollkornbrote super.

ZUBEREITUNG

Cherry-Tomaten vierteln, **Basilikum** in feine Streifen schneiden und die **Walnüsse** grob hacken. Cherry-Tomaten, Basilikum, Walnüsse, **Olivenöl**, reichlich **schwarzen Pfeffer** und **Steinsalz nach Belieben** in einer Schale gründlich vermengen. Die Brote mit **Tahini** bestreichen und mit dem Bruschetta-Mix toppen.

Zum Schluss mit extra frisch gemahlenem schwarzem Pfeffer toppen und servieren.

Luke Pumpernickel sind Bombe. Meist bestehen sie aus Vollkornschrot, Sauerteig und Salz, mehr nicht. Der Ballaststoffanteil liegt in der Regel zwischen 9 g und 11 g, sie sind günstig, sättigend und für ein schnelles Frühstück wie dieses wie gemacht. Erst dachte ich mir: „Tahini zu Bruschetta? Komisch. Aber warum eigentlich nicht? Schließlich werden viele der Zutaten in Bruschetta auch in der arabischen Küche genutzt und die Kombination stellt sich als ausgezeichnet dar.

MARINIERTE BALSAMICO PILZE AUF VOLLKORNPITAS

Mit Avocadocreme & Olivenöl | 1 Person

Zutaten

2 Vollkornpitas, z. B. *o Mundo* aus dem Bioladen, optional Vollkorn-Sauerteigbrot
100 g Champignons, braun
1 Avocado
60 g Paprika, rot
25 g Walnüsse
1 TL Kokosöl
Spritzer Zitronensaft, frisch gepresst
Kresse, optional
Olivenöl

Marinade

12 ml Balsamicoessig
1 TL Paprikapulver
1 ½ TL Zwiebelpulver

Luke Richtig gute Vollkornpitas bekommst du im Bioladen. Das Rezept ist denkbar einfach, aber ein unglaublich leckeres Frühstück, falls du es gerne herzhaft magst. Du kannst die Brote auch super als Abendbrot zubereiten. Einfach einen Salat dazu und fertig. Es ist feiner, die Pitas mit Messer und Gabel zu essen, aber unter uns: Geiler ist es, sich das Ding zu nehmen und einfach reinzubeißen.

ZUBEREITUNG

Champignons vierteln, **Paprika** in kleine Würfel schneiden, **Avocado** entkernen und aus der Schale lösen. **1 TL Kokosöl** in einer Pfanne auf mittelhoher Hitze erwärmen. Währenddessen alle Zutaten für die Marinade und ordentlich **schwarzen Pfeffer**, **1 TL Wasser** und **Steinsalz nach Belieben** in einer kleinen Schale vermengen und beiseitestellen.

Pilze und Paprika für 3 – 4 Minuten scharf anbraten. Die Marinade hinzufügen, kurz vermengen und den Pfanneninhalt in eine Schale geben. Die Pitas in derselben Pfanne auf jeder Seite kurz für 2 – 3 Minuten erwärmen, sodass sie leicht kross werden. Währenddessen die **Avocado** mit dem Rücken einer Gabel zermantschen und mit **Steinsalz** und **Zitronensaft** würzen.

Die Avocadocreme gleichmäßig auf den Pitas verteilen. Die Pilz-Paprika-Mischung darauflegen und mit grob gehackten **Walnüssen**, **Kresse** und reichlich **Olivenöl** toppen.

WÜRZIGES TEMPEH AVOCADO CARPACCIO

Mit Oliven & Basilikum | 1 Person

Zutaten

140 g Tempeh, natur
1 Avocado
70 g Tomate, ca. 1 große Tomate
Eine Handvoll Oliven
½ Bund Basilikum
1 TL Kokosöl

Marinade

19 ml Sojasoße
15 ml Yaconsirup, optional roher Honig
1 TL Paprikapulver
1 TL Zwiebelpulver

Luke Ein unglaublich tolles Gericht, welches ich per Zufall 2018 bereits entworfen habe und seitdem regelmäßig esse. Die Kombination passt einfach hervorragend!
Tempeh ist für den westlichen Gaumen anfangs eventuell ein wenig gewöhnungsbedürftig, mit dieser Marinade wirst du jedoch sofort Fan, versprochen. Tempeh liefert rund 20 g gut verfügbares Eiweiß und ist recht leicht bekömmlich. Wenn du magst, kannst du das Carpaccio auch auf einem Vollkornbrot servieren, schmeckt ebenfalls super.

ZUBEREITUNG

Tempeh in ½ cm dicke Streifen schneiden. **Avocado** entkernen, in feine Filets schneiden und die **Tomate** halbieren, dann in Scheiben schneiden.

1 TL Kokosöl in einer Pfanne auf mittelhoher Hitze erwärmen und den Tempeh sachte auf jeder Seite 2 – 3 Minuten anbraten, bis er eine leichte Bräunung angenommen hat.

Pfanne etwas herunterdrehen und **alle Zutaten für die Marinade** in einer kleinen Schale vermengen. Vorsichtig zum Tempeh gießen und den Tempeh dabei stetig für 1 Minute umrühren, sodass sich die Marinade gut verteilt.

Die Pfanne vom Herd nehmen und beiseitestellen.

Ein paar **Basilikumblätter** abzupfen. Das Carpaccio auf einem Teller gemäß folgender Reihenfolge aufstellen: 2 Tempeh-Streifen, 2 Avocado-Filets, 1 Tomatenscheibe. Zum Schluss mit **Steinsalz** und **schwarzem Pfeffer** nachwürzen, **Olivenöl** nach Bedarf darüber träufeln und die **Oliven** zum Carpaccio servieren. Mit Basilikumblättern nach Bedarf toppen.

SÄMIGES HIRSE APFEL ZIMT PORRIDGE

Mit Cranberrys & Haselnüssen | 1 Person

Zutaten

75 g Hirseflocken
1 Apfel, ca. 100 g
35 g Datteln
30 g Haselnüsse
28 g Cranberrys, getrocknet
1 TL Zimt, Ceylon
½ TL Kakaopulver

Milch

200 ml Wasser
33 g Cashewmus

ZUBEREITUNG

Apfel in mundgerechte Stücke schneiden, **Datteln** hacken und **Haselnüsse** halbieren. Für die Milch **Cashewmus**, eine **Prise Steinsalz** und **200 ml Wasser** in einen Mixer geben.

Hirseflocken in einen Topf geben. Milch hinzugießen. **Apfel**, **Datteln**, **Cranberrys**, **Zimt** und **Kakaopulver** hinzufügen und das Porridge 6 Minuten bei niedriger Hitze ziehen lassen. **Haselnüsse** hinzufügen und weitere 4 Minuten ziehen lassen. Mit **Zimt** und **Kakaopulver** bestäuben und warm servieren.

Luke Hirse ist ein großartiges Getreide. Glutenfrei, leicht bekömmlich und nährstoffdicht. In vielen Teilen Afrikas zählt Hirse in Kombination mit Bohnen zu einem Grundnahrungsmittel. Hirse enthält zudem reichlich Eisen und ist eine tolle Alternative zu Hafer und Co. Zusammen mit dem Pektin aus den Äpfeln und den wertvollen Fettsäuren der Haselnüsse hast du hier ein richtiges Powerfrühstück. Hirseflocken bekommst du in bester Qualität von *Spielberger*, aber auch die Hirseflocken von *dm* sind super.

LUFTIGES AMARANTH MANDEL PORRIDGE

Mit aromatischen Kokosraspeln & Granatäpfeln | 1 Person

Zutaten

300 g Sojajoghurt
40 g rote Trauben
30 g Mandeln
25 g gepuffter Amaranth*
20 g Yaconsirup
2 ½ EL Kokosraspeln, ca. 20 g
½ Granatapfel

* Gepufften Amaranth findest du im Bioalden oder auch günstig in Drogerien..

ZUBEREITUNG

Sojajoghurt in eine Schale geben. **Gepufften Amaranth** und **Yaconsirup** unterrühren und beiseitestellen.

Die Pfanne auf niedriger bis mittlerer Stufe erwärmen. **Kokosraspeln** und **Mandeln** sanft für 3 – 5 Minuten rösten, bis sie ein leichtes Aroma entwickeln. Sie sollten sich nicht stark bräunen.

Granatapfel entkernen und **rote Trauben** halbieren.

Das Porridge in der Mitte mit dem Obst und außen mit der Kokos-Mandel-Mischung toppen und servieren.

Luke Ein großartiges, luftiges und leichtes Geschmackserlebnis, das dennoch satt macht und befriedigt. Ich war beim ersten Testen selbst überrascht, wie toll das Porridge schmeckt. Granatäpfel füttern ein bestimmtes Darmbakterium: Akkermansia Mucinphila. Ist Akkermansia Mucinphila gut genährt, legt es sich wie ein Schutzfilm um deinen Darm und schützt vor sämtlichen Krankheiten. Nicht zuletzt haben Granatäpfel einen hohen ORAC-Wert, wirken also zellschützend. Wenn du kannst, achte gerne auf Bio-Qualität.

BLAUBEER ZIMT WAFFELN

Mit selbstgemachtem Himbeer-Joghurt | ca. 6 – 8 Waffeln

Teig

280 g Buchweizenmehl
120 g Blaubeeren
25 g Leinsamen, geschrotet
½ kleiner Apfel, ca. 50 g
2 TL Zimt, ca. 5 g
1 ½ TL Backpulver

Milch

360 ml Sprudelwasser
55 g Datteln, weich
35 g Cashewmus
35 ml Orangensaft, frisch gepresst

Topping

2 EL Sojajoghurt, Joghurt oder Kefir, ca. 120 g
120 g Himbeeren

ZUBEREITUNG

Datteln entsteinen und **mit allen anderen Zutaten für die Milch** im Mixer cremig pürieren.

Apfel in kleine Würfel hacken und mit **Buchweizenmehl**, **Leinsamen**, **Blaubeeren**, **Zimt**, **Backpulver** und **¼ TL Steinsalz** in eine große Schale geben und verrühren.

Die Milch langsam hinzugießen und alles zu einem homogenen, dickflüssigen Teig vermengen.

Waffeleisen vorheizen, ggf. mit etwas Kokosöl einfetten, und die Waffeln ausbacken.

Joghurt und **Himbeeren** mit einer Gabel verquirlen, dabei einen Teil der Himbeeren zerdrücken. Den Joghurt zu den Waffeln servieren.

Luke Diese Waffeln machen richtig satt. Vom Geschmack her sind sie recht balanciert, erwarte hier nichts allzu Süßes. Ich empfehle, die Waffeln einmal in der Woche zuzubereiten, im Kühlschrank zu lagern und nach Bedarf mit zur Uni, Schule oder Arbeit zu nehmen. Das hat den Vorteil, dass sich die Stärke aus dem Buchweizen in Resistente Stärke umwandelt; davon ernähren sich deine Darmbakterien, wodurch das Rezept noch mal gesünder wird!

PEANUT BUTTER PORRIDGE

Mit dunkler Schokolade & Datteln | 1 Portion

Base
120 g Haferflocken
20 g Chiasamen
15 g dunkle Schokolade, mind. 85 %
30 g Pekannüsse
30 g Datteln
1 Banane
125 g Himbeeren
¼ TL Vanille, optional

Erdnussmilch
245 ml Wasser
35 g Erdnussmus

ZUBEREITUNG

Alle Zutaten für die Milch in einen Mixer geben und cremig mixen. Beiseitestellen.

Datteln feinhacken, **Pekannüsse** halbieren und mit **Haferflocken**, **Chiasamen**, der **Vanille** und einer **Prise Steinsalz** in einen Topf geben. Die Erdnussmilch hinzugießen und bei niedriger Stufe* kurz erwärmen.

Das Porridge bei sehr geringer Hitze für 5 Minuten ziehen lassen. **Banane** in Scheiben schneiden, **dunkle Schokolade** grob hacken, behutsam unterheben und eine weitere Minute ziehen lassen.

Das Porridge in eine Schale geben und mit **Himbeeren** toppen.

* Meine Stufenregelung geht von 1 bis 7, ich erwärme das Porridge auf Stufe 3.

Luke Entworfen habe ich dieses Porridge an einem kuscheligen Sonntagmorgen, direkt nach meinem Lauf durch den Bochumer Stadtpark. Obwohl es schnell gemacht ist, fühlt es sich an wie ein ausgiebiges Wochenendfrühstück.
Chia, Erdnuss und Kakao sind prall gefüllt mit Magnesium. Einige Enzyme im Darm funktionieren nur mit dem Cofaktor Magnesium, umso fataler, dass ein Magnesiummangel längst keine Seltenheit mehr ist. Auf ausreichend Magnesium darfst du gerne achten, insbesondere wenn du trainierst.

WARMES HIMBEER VANILLE PORRIDGE

Mit Cashewkernen & Hafer | 1 Portion

Base

125 g Himbeeren
85 g Haferflocken
35 g Cashewkerne
25 ml Yaconsirup, optional roher Bio-Honig
20 g Chiasamen
1 Kardamom-Kapsel
¼ TL Vanille

Cashewmilch

235 ml Wasser
32 g Cashewmus

ZUBEREITUNG

Alle Zutaten für die Milch in einen Mixer geben und cremig mixen. Beiseitestellen.

Kardamom-Kapsel öffnen und mit einem Mörser zerstampfen, alternativ mit einem Messer zu feinem Pulver hacken.

Haferflocken, **Chiasamen**, **Cashewkerne**, **Vanille**, das **Kardamompulver** und eine **Prise Steinsalz** in einen Topf geben. Die Cashewmilch hinzugießen und bei niedriger Stufe* erwärmen. Nach 4 – 5 Minuten den **Yaconsirup** unterrühren und die **Himbeeren** behutsam unterheben. Das Porridge in einer Schale anrichten und servieren.

* Meine Stufenregelung geht von 1 bis 7, ich erwärme das Porridge auf Stufe 3.

Luke Vanille ist nicht ganz günstig, aber so eine Packung hält sich auch ein paar Wochen, wenn nicht sogar Monate. Kardamom erhältst du günstig in asiatischen Lebensmittelgeschäften; nutze ich auch gerne in Currys.

NUTTY OVERNIGHT CRUNCH

Omega-3-reiches Frühstück mit vielen Ballaststoffen | 1 Person

Base

54 g Walnüsse
50 g Pekannüsse, optional Mandeln
32 g Yaconsirup, optional roher Bio-Honig
30 g Hanfsamen
24 g Sonnenblumenkerne
20 g Kokosraspeln
11 g dunkle Schokolade, mind. 80 %
2 EL Leinsamen, ganz

Milch

200 ml Wasser
32 g weißes Mandelmus
¼ TL Zimt, Ceylon

Topping

120 g Blaubeeren

ZUBEREITUNG

Alle Zutaten für die Milch in einen Mixer geben und cremig mixen. Beiseitestellen.

Dunkle Schokolade in grobe Stücke brechen und mit **allen anderen Zutaten** mit Ausnahme vom Yaconsirup in einer großen Schale gründlich vermengen. Den Mix in einen luftdichten Behälter geben, **Yaconsirup** darüber träufeln und die Mandelmilch langsam einfließen lassen. Den Behälter fest und sicher verschließen und durch kräftiges Schütteln alle Zutaten miteinander vermengen.

Das Porridge über Nacht in den Kühlschrank stellen. Am Morgen mit **Blaubeeren** toppen.

Luke Dieses Porridge ist unglaublich reich an Ballaststoffen, hochwertigen Proteinen, Vitamin E aus den Sonnenblumenkernen und Omega-3-Fettsäuren aus den Hanfsamen, Leinsamen und Walnüssen. Du brauchst keine Sorge vor der Menge an Yaconsirup in diesem Rezept zu haben. Yaconsirup ist mit 35 g Ballaststoffen kein herkömmliches Süßungsmittel, so konnte er zeigen, die Anzahl deiner Bifido-Bakterien zu erhöhen und somit dein Mikrobiom nachhaltig positiv zu beeinflussen. In der Studie nahmen die Teilnehmer übrigens bis zu 40 g Yacon täglich ein.

ORANGEN JOGHURT KARDAMOM BOWL

Mit dunkler Schokolade & Himbeeren | 1 Person

Base

220 g (Soja-)Joghurt
2 kleine Orangen, ca. 230 g brutto bzw. ca. 170 g netto
1 große Banane, tiefgekühlt*
1 TL Cashewmus, ca. 25 g
1 Kardamom-Kapsel
½ TL Zimt, Ceylon

Topping

125 g Himbeeren
35 g dunkle Schokolade, mind. 85 %
35 g Walnüsse
2 EL Haferkleie

* Dafür eine große, sehr reife Banane in Stücke schneiden und über Nacht auf einem Backpapier im Tiefkühler einfrieren.

ZUBEREITUNG

Orangen schälen und mit **Joghurt**, **Banane**, **Cashewmus**, **Zimt** und einer **Prise Steinsalz** in den Mixer geben. **Kardamom-Kapsel** öffnen und 5 Samen zerstoßen. Ebenfalls in den Mixer geben, cremig pürieren und in eine Schale füllen. **Haferkleie** unterrühren und mit **Himbeeren**, **dunkler Schokolade** und **Walnüssen** toppen. Mit Zimt bestäuben und servieren.

Luke Durch den Kardamom enthält diese Bowl eine einzigartige Note. Orangen sind in der Lage, pathogene Keime abzutöten. Die Wirkung verstärkt sich sogar noch, isst du sie mit etwas Honig. Wenn du keine Haferkleie dahast, nimm ruhig Haferflocken; das funktioniert genauso gut. Bezüglich der Bananen: Ich rate dir, immer ein paar reife, gefrorene Bananen im Tiefkühler zu haben, Eiswürfel de luxe!

PEANUT ON TOP, PLEASE

Kefir mit Erdnuss & Haferkleie | 1 große Portion

Base

280 g Kefir, optional Sojajoghurt
70 g Haferkleie
27 g Datteln

Topping

110 g Blaubeeren
40 g Erdnussmus
1 kleiner Apfel, ca. 80 g

ZUBEREITUNG

Kefir in eine Schale geben. **Haferkleie** unterrühren. **Datteln** grob hacken und ebenfalls unterrühren. 5 Minuten ziehen lassen. Währenddessen den **Apfel** in kleine Würfel schneiden. Das Porridge mit **Blaubeeren**, **Erdnussmus** und dem Apfel toppen. Zum Schluss eine **Prise Steinsalz** darüber streuen.

Luke Eine gute Magnesiumversorgung ist für deine Darmgesundheit essenziell. Erdnussmus deckt pro 100 g bis zu 60 % deines Tagesbedarfs an Magnesium. Achte darauf, dass es clean ist, also ohne Zucker, Palmfett oder Salz. Magnesium wird u. a. für die Produktion von Magensäure benötigt. Hast du zu wenig davon, können Nährstoffe nicht richtig absorbiert werden. Ich nehme am liebsten das Erdnussmus von *Rapunzel* oder *Dr. Goerg*. Es gibt Erdnussmus auch in roher, ungerösteter Form. Geschmacklich hat mich das jedoch leider überhaupt nicht überzeugt.

SCHOKOLADEN AVOCADO KEFIR MIT BLAUBEEREN

Cremiger, luftiger Kefir mit gesunden Fetten | Für 1 Person

Joghurt

190 g Kefir, optional Sojajoghurt oder Joghurt
20 g Kakaopulver, Rohkostqualität
½ Avocado, ca. 70 g
1 kleine Banane, brutto ca. 90 g
¼ TL Zimt, Ceylon
Messerspitze Kurkuma
1 TL Olivenöl
25 ml Yaconsirup, optional roher Bio-Honig

Topping

130 g Blaubeeren
35 g Walnüsse

ZUBEREITUNG

Kefir in ein hohes Gefäß geben. **Avocado**, **Banane**, **Kakaopulver**, **Zimt**, **Kurkuma**, **Olivenöl** und **Yaconsirup** hinzufügen und mit dem Pürierstab glatt pürieren. Alternativ alles in einen Mixer geben. Eine Prise Steinsalz unterheben. Schoko-Kefir in eine Schale füllen.

Den Kefir mit frischen **Blaubeeren** und grob gehackten **Walnüssen** toppen.

Luke Die Konsistenz vom Kefir ist unvergleichbar himmlisch. Wirklich lecker und schnell gemacht.
Kakao konnte in mehreren Studien zeigen, die Anzahl der guten Darmbakterien zu erhöhen, sowie Entzündungen im Darm zu reduzieren. Ich esse täglich Kakao, in seiner rohen ursprünglichen Form als Pulver, Kakaobohnen, Kakaonibs oder in Form von sehr dunkler Schokolade.

VEGANER FRISCHKÄSE AUFSTRICH MIT SCHNITTLAUCH & FEIGEN

Aus fermentiertem Tofu & Sojajoghurt | Für 2 Brote

Base

2 Scheiben Vollkorn-Sauerteigbrot, jeweils ca. 80 g

Frischkäse-Aufstrich

70 g Feto, Bioladen von der Firma *Taifun*, optional Tofu
60 g Sojajoghurt
13 ml Olivenöl
2 EL Schnittlauch, frisch gehackt, ca. 11 g
1 ½ TL Balsamicoessig
2 TL Zitronensaft, frisch gepresst
½ TL Knoblauchpulver

Topping

2 Feigen, optional 20 rote Trauben
1 Avocado
Handvoll Walnüsse

ZUBEREITUNG

Für den Frischkäse-Aufstrich **alle Zutaten** in einem hohen Gefäß mit einem Stabmixer für 1 – 2 Minuten glatt pürieren. Die Creme mit **Steinsalz** abschmecken.

Avocado halbieren, entkernen und in feine Filets schneiden. **Feigen** vierteln und **Walnüsse** grob hacken.

Die Creme auf den Broten verteilen und jeweils mit einer halben Avocado, einer Feige und ein paar Walnüssen toppen.

Zum Schluss mit frisch gemahlenem **schwarzem Pfeffer** bestreuen und servieren.

Luke Um ehrlich zu sein: Ich habe noch nie in meinem Leben Frischkäse gegessen, aber so in etwa stelle ich ihn mir vor. Frisch, sommerlich, leicht und geschmackvoll. Feto bekommst du meines Wissens nur im Bioladen. Du kannst alternativ auch Tofu nehmen, dann wirst du etwas mehr Salz für dieses Rezept benötigen. Wenn aktuell keine Feigensaison ist, nimm ruhig Trauben, das schmeckt ebenfalls super und die bekommst du fast immer.

RICHTIG SATT WERDEN

REFILL
REUSE

VOLLKORN PFANNEN WRAP MIT WALNUSS HARISSA CRUMBLE

Einfaches, sättigendes & enorm leckeres Abendbrot | 2 – 3 Personen

Pfannenbrot

300 g Dinkelvollkornmehl
15 ml Olivenöl
1 TL Steinsalz
1 TL Kreuzkümmel
Kokosöl

Walnuss-Harissa-Crumble & Topping

150 g Tempeh, natur
55 g Walnüsse
40 g Tahini
30 g Harissa-Paste, Marke: *Belazu* „Rose Harissa"
30 ml Olivenöl
2 Avocados
1 großer Granatapfel
Petersilie
Lauchzwiebeln

Luke Ein richtiges Wohlfühlgericht. Als ich dieses Gericht auf Instagram gepostet habe, war die Nachfrage so hoch, dass ich das Rezept noch mit ins Buch genommen habe, obwohl der Rezepteteil eigentlich schon stand. Das Foto hat Marius geschossen, als er spontan vorbeikam und mir und Vicky in der Küche beim Kochen von seinem Thailandurlaub erzählt hat. Das Gericht macht einfach Spaß. Wer das gesundheitliche Maximum aus diesem Rezept holen will, der verwendet Sprossenmehl. Du findest es wie immer hinten in den Bezugsquellen.

ZUBEREITUNG

Dinkelvollkornmehl mit **Steinsalz**, **Kreuzkümmel** und **Olivenöl** in einer großen Schüssel vermengen. In kleinen Schritten langsam **160 ml Wasser** hinzugeben. Sollte der Teig zu feucht sein, etwas zusätzliches Mehl hinzufügen. Den Teig für 4 Minuten zu einer weichen, homogenen Masse kneten, mit Mehl bestäuben und beiseitestellen.

Tempeh mit den Händen zerrupfen, **Walnüsse** hacken, **Granatapfel** entkernen und zusammen mit dem **Tahini**, der **Harissa-Paste**, dem **Olivenöl** und **reichlich Steinsalz** in einer weiteren Schale vermengen und beiseitestellen.

Eine Pfanne auf mittelhohe Hitze erwärmen. **1 TL Kokosöl** oder anderes Bratöl hineingeben. Den Teig halbieren und auf einer bemehlten Arbeitsfläche mit einem Nudelholz glatt ausrollen. Alternativ mit den Händen zu einem Wrap „drücken".

Die Wraps in der Pfanne auf jeder Seite für 3 Minuten ausbacken. In der Zwischenzeit die **Avocado** entkernen, mit einer Gabel zerstampfen und leicht salzen. Falls vorhanden, etwas **Zitronensaft** hinzugeben. Wraps aus der Pfanne nehmen, mit der Avocado bestreichen, das Walnuss-Harissa-Crumble darüber geben und mit frisch geschnitten **Lauchzwiebelringen** und **Petersilie** toppen.

UNGLAUBLICH LECKERES LINSEN HARISSA GERICHT

Mit Kartoffeln & Sesamsoße | 2 – 3 Personen

Base

430 g schwarze Linsen, gekocht, optional braune Linsen
300 g Kartoffeln, optimalerweise rotschalig
2 Avocados, sehr reif
2 – 3 Stangen Lauchzwiebeln

Harissa-Sesam-Soße

120 g Tahini, Marke: *Pepperwood Organics* oder *Al Arz*, optional weißes Mandelmus
60 g Walnüsse
40 g Harissa, Marke: *Belazu* „Rose Harissa"
10 ml Balsamicoessig
30 ml Olivenöl
1 TL Kreuzkümmel, ganz

ZUBEREITUNG

Walnüsse mittelgrob hacken und mit allen anderen Zutaten für die **Harissa-Sesam-Soße** in einer großen Schale vermengen. Beiseitestellen.

Linsen in reichlich Salzwasser kochen, bis sie gar sind.

Kartoffeln in mundgerechte Stücke schneiden und für 10 – 12 Minuten dampfgaren, bis sie die gewünschte Konsistenz haben. Alternativ in reichlich Salzwasser kochen.

Linsen und **Kartoffeln** in einem Sieb abtropfen lassen und nach Bedarf salzen.

Linsen-Kartoffel-Mix mit der Soße vermengen. **Avocado** in feine Filets schneiden und behutsam unterheben.

Mit reichlich frischen **Lauchzwiebelringen** toppen und servieren.

Luke Ich bin kein Fan davon, dir zu sagen: „Nimm genau dieses Produkt", aber hier muss ich es leider tun: Nimm genau die Produkte, die ich hier empfehle. Beim Tahini können wir ein Auge zudrücken, Hauptsache, es ist schön flüssig. Alternativ nimmst du weißes Mandelmus. Die „Rose Harissa"-Paste von *Belazu* ist jedoch mit Abstand die beste auf dem Markt – damit steht und fällt das Gericht! Du bekommst sie meist leider nur online. Die Avocados sollten richtig schön reif sein, das gibt dem Ganzen noch mehr Cremigkeit. Das ist hier eine wirklich schnelle Nummer, geschmacklich aber Champions League. Probiere das unbedingt mal.

SAFTIGE TOMATEN GRANATAPFEL PFANNE

Mit weißen Bohnen & Avocadocreme | 1 Person

Base

480 g Dattel-Tomaten
220 g weiße Riesenbohnen
170 g gemischte Pilze, ich habe Champignons und Kräuterseitlinge genommen*
130 g Räuchertofu
2 Avocados
2 rote Zwiebeln
1 Granatapfel
5 getrocknete Tomaten
40 ml Olivenöl
1 Chili
3 TL Tomatenmark
3 TL Balsamicoessig
Handvoll Walnüsse
1 Bund Petersilie

* Für dieses Rezept sind kleine Pilze hervorragend, so kannst du sie ganz lassen. Falls du keine kleinen finden kannst, halbiere oder viertele sie gerne nach Bedarf.

Luke Dieses Rezept liefert alles: Hülsenfrüchte mit ihrer präbiotischen Wirkung, Grünzeug durch die Petersilie, reichlich hochwertiges Olivenöl für eine optimierte Darmzusammensetzung, Granatapfel für den Zellschutz und Tomaten, die reich an herzschützendem Lykopin sind. Ich muss sagen, das ist so ein Gericht, das ich jeden Tag essen könnte!

ZUBEREITUNG

Rote Zwiebel grob hacken, **Dattel-Tomaten** vierteln, **Granatapfel** entkernen, **weiße Riesenbohnen** abtropfen lassen, **Räuchertofu** fein würfeln und den **Chili** in Ringe schneiden. **Getrocknete Tomaten** in Streifen schneiden, **Walnüsse** grob mit den Händen zerdrücken und die **Petersilie** hacken, Stängel entfernen. **2 TL Kokosöl** in eine Pfanne geben und auf mittelhoher Hitze erwärmen. Zwiebeln, Chilli und Tomaten in der Pfanne für 5 Minuten sachte garen. Salzen und dann die **Pilze**, **den Räuchertofu**, **die weißen Riesenbohnen**, **Tomatenmark**, **Balsamicoessig** und die **getrockneten Tomaten** hinzugeben. Weitere 2 Minuten vermengen, nach Bedarf salzen. Herdplatte ausschalten, aber die Pfanne auf der warmen Platte stehen lassen und die **Granatapfelkerne** hineinwerfen. In der Zeit die **Avocado** in Filets schneiden. Pfanne vom Herd nehmen. Zum Schluss **Petersilie**, **Walnüsse**, **Avocado**, **Olivenöl** und **schwarzen Pfeffer** nach Belieben unterheben und servieren.

LUKES LECKERSTES REISREZEPT

Mit Wildreis, Granatapfel & Petersilie | 1 Person

Base

180 g Kichererbsen
105 g Brokkoli
100 g Wildreis, optional Vollkornreis
1 Avocado
½ Granatapfel
1 Zwiebel, ca. 50 g
20 g Walnüsse
2 Knoblauchzehen
5 Stängel Petersilie

Za'atar-Oliven-Creme

25 ml Olivenöl
10 ml Balsamicoessig
1 TL Za'atar, ca. 6 g
50 g flüssiges Tahini, Marke: *Pepperwood Organics* oder *Al Arz*

Luke Dieser Reis ist so wahnsinnig lecker! Lass dich bitte nicht von der langen Kochzeit von Wildreis abschrecken, der Rest geht dafür unglaublich schnell. Meist koche ich den Reis direkt auf, wenn ich nach Hause komme, und lass ihn dann ganz sanft für eine Stunde vor sich her köcheln, während ich mich umziehe, die Einkäufe auspacke usw.
Du kannst den Reis auch vorkochen, dann geht's richtig schnell. Wer weniger auf Tasche hat, nimmt einfach Vollkornreis, das ist auch super.

ZUBEREITUNG

Wildreis nach Packungsanweisung in leicht gesalzenem Wasser kochen. **Kichererbsen** abtropfen lassen, **Zwiebel** fein würfeln, **Granatapfel** entkernen, **Walnüsse** grob hacken und **Brokkoli** in kleine, mundgerechte Röschen zupfen. **Knoblauch** zu einem stückigen Püree stampfen oder sehr fein hacken.

Alle Zutaten für die Za'atar-Oliven-Creme in eine Schale geben, jedoch noch nicht verrühren.

Brokkoli für 4 Minuten bissfest dampfgaren, alternativ für 2 Minuten kochen.

Jetzt die Za'atar-Oliven-Creme verrühren.

Sobald der Wildreis fertig ist, die **Zwiebel**, den **Knoblauch**, die **Kichererbsen**, die **Walnüsse**, den **Granatapfel** und 70 % von der Creme unter den Wildreis rühren. Brokkoli hinzufügen und nach Bedarf salzen.

Behutsam die Petersilie unterheben und den Reis mit der restlichen Creme und den Filets einer Avocado toppen.

PASTA IN CREMIGER MANDEL SOJA KNOBLAUCH SOẞE

Mit Möhren, Erbsen & Kresse | 1 große Portion

Mandel-Soße

35 g weißes Mandelmus
14 ml Sojasoße, Tamari
17 ml Olivenöl
2 Knoblauchzehen
2 TL Zitronensaft, frisch gepresst
1 TL Yaconsirup, optional roher Bio-Honig

Pasta

130 g Buchweizenspaghetti, optional Spaghetti aus Linsen, Kichererbsen oder Vollkornspaghetti
130 g Möhre
90 g Tofu
70 g Erbsen, tiefgekühlt
1 Avocado
2 Stangen Lauchzwiebeln
1 mittelgroße Chilischote, optional
1 Beet Kresse, optional

Luke Wenn du es noch exotischer magst, funktioniert dieses Rezept auch mit geröstetem Sesamöl anstelle von Olivenöl hervorragend! Das Gericht ist richtig schön cremig und eine tolle, gesunde Belohnung nach einem anstrengenden Tag. Gleichzeitig ist es durch das viele Gemüse aber nicht zu heavy und vitalstoffreich. Spaghetti aus braunem Reis passen hier ebenfalls hervorragend, ich mag die Marke *felicia* gerne. Bekommst du im *Denns*.

ZUBEREITUNG

Knoblauch fein stampfen oder sehr gründlich hacken und mit **allen anderen Zutaten für die Mandel-Soße** und **2 TL Wasser** in eine Schale geben, noch nicht verrühren.

Möhren in feine diagonale Scheiben schneiden und **Tofu** in mundgerechte Stücke würfeln. **Buchweizenspaghetti** für ca. 6 Minuten bissfest garen. Nach 2 Minuten die Möhren mit ins Kochwasser geben. In der letzten Minute die **Erbsen** hinzufügen, sodass sie auftauen können. Pasta-Gemüse-Mix abtropfen lassen.

Alle Zutaten für die Mandel-Soße verrühren und zusammen mit der Pasta und dem Gemüse in den noch warmen Topf geben. Alles gründlich miteinander vermengen, nach Bedarf salzen und im Topf warmhalten.

Avocado halbieren und mit etwas **Zitronensaft** beträufeln und leicht salzen. **Lauchzwiebeln** und **Chili** in feine Ringe schneiden. Alles zur Pasta geben, vermengen und auf Tellern anrichten. Optional mit frisch gezupfter **Kresse** toppen.

GEBACKENE SÜẞKARTOFFELN MIT PILZ WALNUSS CRUMBLE

Dazu eine cremige Joghurt-Curry-Soße! | 1 große Portion

Base

420 g Süßkartoffeln

85 g rote Trauben, optional Granatapfelkerne

Pilz-Walnuss-Crumble

160 g gemischte Pilze, ich habe 70 % Champignons und 30 % Kräuterseitlinge genommen

100 g Kichererbsen

30 g Walnüsse

19 ml Sojasoße

1 TL Kreuzkümmel, ca. 4 – 5 g

½ TL Paprikapulver süß, ca. 2 – 3 g

Joghurt-Curry-Soße

150 g Joghurt, Sojajoghurt, Schafsmilchjoghurt oder Ziegenmilchjoghurt

20 ml Orangensaft, frisch gepresst

1 TL Currypulver

Luke Süßkartoffeln sind reich an Oligosacchariden, ein hervorragendes Präbiotikum für deinen Darm. Süßkartoffeln behalten gebacken mit Schale auch noch einen guten Anteil ihrer Antioxidantien. Ich bin ehrlich, ich dampfgare Süßkartoffeln meist lieber, aber für dieses Gericht ist das Backen geschmacklich einfach hervorragend. Tahini passt ebenfalls toll zu diesem Gericht, falls du deine Extraportion Kalzium brauchst. Süßkartoffeln esse ich gerne nach intensiven Trainingstagen; das hat sich bei mir irgendwie so eingeschlichen.

ZUBEREITUNG

Backofen auf 150 Grad Umluft vorheizen. **Süßkartoffeln** in 1 – 2 cm dicke Scheiben schneiden und in **1 TL geschmolzenem Kokosöl** wenden, salzen und auf der mittleren Schiene für ca. 35 Minuten backen, bis sie gar sind.

Alle Zutaten für die Joghurt-Curry-Soße und **1 TL Süße nach Wahl** in einer Schale vermengen und mit **Steinsalz** abschmecken.

Die **gemischten Pilze** fein hacken. **Kreuzkümmel**, **Paprikapulver**, **Sojasoße** und **2 TL Wasser** in einer kleinen Schale vermengen und beiseitestellen. **Walnüsse** grob hacken, **Kichererbsen** abtropfen lassen.

Eine Pfanne auf mittelhoher Hitze erwärmen und etwas Kokosöl hinzugeben. Pilze und Kichererbsen, ohne zu wenden, 3 Minuten anbraten. Pfanne etwas runter drehen und die Kreuzkümmelmischung hinzugießen. Gründlich umrühren und für 1 Minute karamellisieren lassen. Pfanne vom Herd nehmen und die gehackten Walnüsse unterheben.

Süßkartoffelscheiben auf Tellern anrichten und das Pilz-Crumble darüber streuen. Soße nach Belieben hinzugeben und mit **halbierten roten Trauben** und **optional etwas Petersilie** toppen.

KREUZKÜMMEL OREGANO PILZE AUF BUTTERBOHNEN CREME

Mit Naturreis & Trauben | 2 Portionen

Butterbohnen-Creme

225 g Butterbohnen, bzw. weiße Bohnen bzw. Cannelini-Bohnen

100 g Tahini, Marke: *Pepperwood Organics* oder *Al Arz*

8 ml Zitronensaft

½ TL Honig

Pilze

210 g Champignons, braun

3 TL Kreuzkümmel, ca 7 g

2 TL Oregano, ca. 4 g

Topping

150 g Naturreis

110 g rote Trauben

1 Avocado, optional

1 Bund Basilikum

35 ml Olivenöl

Luke Weiße Bohnen sind eine großartige Ballaststoffquelle, davon ernähren sich die guten Bakterien in deinem Darm. Pilze sind ein unglaublich unterschätztes Präbiotikum und dürfen gerne mindestens zweimal die Woche auf deinem Speiseplan stehen. Kreuzkümmel verbessert die Verdauung, smart also, sie mit Bohnen zu kombinieren. Wer's vegan haben will, nimmt anstelle von Honig Ahornsirup. Ich liebe dieses Gericht, wahnsinnig lecker!

ZUBEREITUNG

Naturreis nach Packungsanweisung mit reichlich Steinsalz kochen und beiseitestellen. In der Zwischenzeit **alle Zutaten für die Butterbohnen-Creme** mit **40 ml sehr kaltem Wasser** und **¼ TL Steinsalz** im Mixer bzw. der Küchenmaschine 1 – 2 Minuten glatt pürieren. Nochmals **20 – 30 ml kaltes Wasser** hinzufügen und weitere 2 Minuten pürieren, bis eine sehr cremige und geschmeidige Creme entstanden ist. Mit Steinsalz und Zitronensaft abschmecken.

Die Creme im Kühlschrank kaltstellen.

Backofen auf 140 Grad Umluft vorheizen. Die **Champignons** mit **Kreuzkümmel**, **Oregano**, einem **Spritzer Zitronensaft**, **1 TL Öl** und **Steinsalz nach Belieben** in einer großen Schale vermengen. Im vorgeheizten Backofen für 15 Minuten backen. In der Zeit die **Trauben** halbieren, **Basilikumblätter** abzupfen und die **Avocado** optional in feine Filets schneiden. Die Avocado leicht salzen.

Bohnencreme auf 2 Tellern verteilen. Die Pilze mittig darauf platzieren und mit den Traubenhälften, Basilikumblättern, reichlich Olivenöl und dem Naturreis toppen. Die Avocado optional dazu servieren.

CREMIGES ERDNUSS MANGO LINSEN DAAL

Würzig, fruchtig, unfassbar lecker! | 2 – 3 Portionen

Base
400 ml Kokosmilch
300 g gelbe Linsen
200 g Tofu
3 Zwiebeln, rot
5 Knoblauchzehen
1 Chili
1 daumengroßes Stück Ingwer
2 Gemüsebrühwürfel
½ Bund Basilikum, optional

Umami
1 Mango, ca. 190 g netto Fruchtfleisch
30 g Erdnussmus
20 g Tomatenmark
13 ml Sojasoße
2 TL Garam Masala, ca. 9 g
1 TL Kreuzkümmel, ca. 5 g
1 TL Paprikapulver, ca. 5 g
½ TL Kurkuma, ca. 3 g

Luke Un.glaub.lich.lecker.
Diesen Text hier schreibe ich, nachdem ich gerade das Daal finalisiert und gegessen habe; Vicky und ich waren beide hin und weg. Ich möchte dir sehr ans Herz legen, dieses Gericht zu probieren. Ein absolutes Wohlfühlessen!

ZUBEREITUNG

Zwiebeln in grobe Stücke schneiden, **Knoblauch** und **Ingwer** fein hacken, **Chili** in Ringe schneiden. Das **Mango**-Fruchtfleisch von der Schale trennen und mit dem **Tomatenmark** sowie dem **Erdnussmus** mit **2 EL Wasser** in einen Mixer geben und beiseitestellen, noch nicht pürieren.

Einen Topf auf mittlerer Hitze erwärmen und die Zwiebeln in **2 TL Kokosöl** für 5 – 6 Minuten langsam glasig dünsten.*

Knoblauch, Ingwer und Chili hinzufügen und für weitere 3 Minuten mit dünsten. Keine der Zutaten sollte beginnen sich zu bräunen, dann ist der Topf zu heiß.

Garam Masala, **Kreuzkümmel**, **Paprikapulver**, **Kurkuma**, **Sojasoße**, **2 EL Wasser** und **½ TL Steinsalz** in den Topf geben und gründlich mit dem Gemüse für weitere 2 Minuten vermengen.

Die Masse aus der Pfanne nehmen und in den Mixer transferieren. Die **gelben Linsen** in einem Sieb gründlich abspülen und mit **400 ml Wasser** und den **2 Gemüsebrühwürfeln** in den Topf geben. Aufkochen lassen und für ca. 10 – 15 Minuten auf mittlerer Stufe köcheln lassen, bis das Wasser beinahe verkocht ist. Die **Kokosmilch** hinzufügen. Den Umami-Mix im Mixer grob pürieren und ebenfalls in den Topf geben. **Tofu** in mundgerechte Stücke schneiden und ebenfalls zum Topf geben und das Daal für weitere 15 Minuten sanft köcheln lassen.

Das Daal in den Schalen verteilen, mit **Basilikum** und **schwarzem Pfeffer** toppen und servieren.

* Daals und Currys brauchen Zeit. Die Zwiebeln sollten keinesfalls zu heiß angebraten werden, noch sollten sie sich bräunen. Stell die Hitze deshalb lieber eine Stufe zu niedrig als zu hoch ein.

CHICORÉE SALAT MIT SOJA ZWIEBEL TEMPEH

Würzig-fruchtig bitterer Salat | 2 Portionen

Base

1 großer Chicorée-Kopf, optional 2 mittelgroße Köpfe, ca. 160 g
260 g Möhren
2 Avocados
½ Gurke, ca 180 g
1 mittlere Orange
140 g Kichererbsen
5 Stangen Lauchzwiebeln
55 g Tahini, Marke: *Pepperwood Organics* oder *Al Arz*
35 ml Olivenöl
Handvoll Kerne/Saaten, z. B. Kürbiskerne, Sonnenblumenkerne, Hanfsamen
Kokosöl
3 TL Balsamicoessig

Tempeh

200 g Tempeh
26 ml Sojasoße
3 TL Zwiebelgranulat
2 TL Paprikapulver

Luke Chicorée ist reich am Bitterstoff Intybin, das macht ihn so gesund für unseren Darm. Bitterstoffe fehlen leider in unserer heutigen Ernährung viel zu häufig, denn sie wurden aus geschmacklichen Gründen rausgezüchtet. Ein richtiges Dilemma. Bio-Chicorée, Rohkost-Oliven und dunkle, hochprozentige Schokolade sind toll, um diese Bitterstoffe wieder aufzunehmen.

ZUBEREITUNG

Chicorée waschen, abzupfen und auf 2 Tellern verteilen. **Möhren** in mundgerechte Stücke schneiden. **Avocado** entkernen und in einer Schale mit **3 TL Balsamicoessig, 1 TL Olivenöl, 1 TL frisch gepresstem Orangensaft aus der Orange** und **reichlich Steinsalz** vermengen und beiseitestellen.

In einer kleinen Schale **Sojasoße, Paprikapulver, Zwiebelgranulat, 1 TL Wasser und 1 TL Süße** nach Belieben vermengen. **Tempeh** in Streifen schneiden, **Orange** in feine Filets schneiden und **Kichererbsen** abtropfen lassen.

Möhren für ca. 7 – 8 Minuten bissfest dampfgaren, alternativ für 3 – 4 Minuten bissfest kochen und mit Steinsalz würzen.

1 TL Kokosöl in die Pfanne geben und auf mittelhoher Hitze erwärmen. Tempeh auf jeder Seite für 2 – 3 Minuten sanft braten und leicht salzen. Pfanne etwas herunterdrehen, die Sojasoßenmischung hinzugeben, 1 Minute karamellisieren lassen und die Pfanne von der heißen Herdplatte nehmen.

Gurke in feine Streifen schneiden und mit den Möhren, der Avocadocreme, den Orangenfilets und einer Handvoll **Kerne** und **Saaten** zum Chicorée geben.

Den Salat mit **Lauchzwiebeln** und Tempeh toppen. Zum Schluss mit **Olivenöl** und **Tahini** beträufeln.

VOLLKORNPASTA IN WÜRZIGER PILZ MANDELCREME SOẞE

Mit Erbsen & Avocadocreme | 2 Portionen

Base
220 g Vollkornpasta
260 g Champignons, braun
100 g Erbsen, tiefgekühlt
1 Avocado
4 Knoblauchzehen, ca. 20 g
1 TL Kokosöl

Mandelcreme
80 g Mandelmus, weiß
25 g getrocknete Tomaten
¾ TL Muskatnuss, frisch gerieben
1 – 2 TL schwarzer Pfeffer, frisch gemahlen

Topping
35 ml Olivenöl
½ Bund Basilikum
1 Chili, optional

Luke Champignons sind wie Zwiebeln, Topinambur und Artischocken ein hervorragendes, gesundes Präbiotikum! Pilze sind so gesehen kein Gemüse. Das macht sich in Hinblick auf ihren Nährwert einzigartig. Erbsen sind zudem ebenfalls eine hammermäßige Ballaststoffquelle. Total *underrated*, wenn du mich fragst, denn sie sind günstig, lecker, oft in Bio-Qualität erhältlich und mit beinahe 7 g Ballaststoffen eine tolle Unterstützung für deine Darmgesundheit.

ZUBEREITUNG

Champignons vierteln, **Knoblauch** sehr fein hacken und **Erbsen** in eine Schale geben.

Getrocknete Tomaten grob hacken und mit **Mandelmus**, **Muskatnuss**, **schwarzem Pfeffer** und **½ TL Steinsalz** in eine weitere Schale geben und beiseitestellen.

Avocado entkernen, mit einer Gabel zermantschen und mit einer **Prise Steinsalz** und **1 TL Olivenöl** würzen.

Vollkornpasta nach Packungsanweisung in reichlich Steinsalz al dente kochen.

1 TL Kokosöl in eine Pfanne geben und auf mittelhoher Hitze erhitzen. Die Pilze erst hinzugeben, wenn die Pfanne heiß ist.*

Die Champignons für 3 Minuten scharf anbraten. Knoblauch und eine weitere Prise Steinsalz hinzugeben und 1 Minute weiterbraten. Pfanne herunterdrehen. 60 ml Wasser zur Mandelcreme geben und gründlich verrühren. Die Mandelcreme, die gekochte Pasta und die **Erbsen** zur Pfanne geben und gründlich mit den Pilzen vermengen. Mit Steinsalz abschmecken, auf Tellern verteilen und mit **Basilikumblättern**, dem **Olivenöl** sowie optimal mit **Chili** toppen.

* Die Pilze sollen kurz und scharf angebraten werden, sodass sie knackig bleiben und wenig Flüssigkeit austritt.

GEDÄMPFTER BLUMENKOHL MIT TAHINI ORANGEN JOGHURT SOßE

Sättigend, erfrischend, umami | 2 Portionen

Base

1 mittelgroßer Blumenkohl
200 g Erbsen, tiefgekühlt
100 g Tofu, natur
35 ml Olivenöl
2 TL Harissa-Gewürz
3 TL Zwiebelgranulat
½ Bund Basilikum

Soße

85 g Tahini, Marke: *Pepperwood Organics* oder *Al Arz*
80 g Sojajoghurt
40 ml Orangensaft, frisch gepresst
5 g Currypulver

ZUBEREITUNG

Für die Soße alle Zutaten mit **½ TL Steinsalz** in einer Schale langsam und gründlich mit einer Gabel verquirlen. Mit **Steinsalz** und eventuell weiterem Orangensaft abschmecken und beiseitestellen.

Blumenkohl in schön große *Wings* schneiden, **Tofu** würfeln. **Blumenkohl** und **Erbsen** für 3 Minuten bissfest kochen und in einem Sieb abtropfen lassen.

Beides in eine große Schale geben und mit **Harissa**, **Zwiebelgranulat**, **Olivenöl** und **reichlich Steinsalz** vermengen. Tofu hinzugeben und unterheben.

Den Blumenkohlmix auf Tellern anrichten, mit der Soße beträufeln, mit **frisch gemahlenem schwarzem Pfeffer** toppen und mit gezupften **Basilikumblättern** dekorieren.

Luke Als *dm* Vicky und mich nach Berlin auf ein Event eingeladen hat, waren wir am Abend vorher im „Joseph" essen, dort habe ich mir die Inspiration für dieses Gericht geholt. Das Gericht dort wurde mir etwas zu stark von der Orange dominiert, so habe ich es hier mit dem Currypulver etwas mehr auf Umami statt auf Süß abgestimmt. Beim Tofu bin ich ehrlich: Kannst du machen, kannst du aber auch weglassen. Geschmacklich tut er hier nicht viel zur Sache, sein vollständiges Aminosäurenprofil hingegen wertet dieses Gericht nährstofftechnisch echt auf, gerade wenn du trainierst, super!
Auf dem Foto siehst du lila Basilikum, auch der gehört zu deiner täglichen Portion „Violett".

CREMIGER BOHNEN HUMMUS MIT WURZELGEMÜSE

Dazu Granatapfelkerne & Petersilie | 1 – 2 Portionen

Hummus

240 g weiße Bohnen
50 g Tahini, Marke: *Pepperwood Organics* oder *Al Arz*
35 ml Olivenöl
23 ml Zitronensaft, frisch gepresst
16 g Knoblauch, ca. 4 – 5 Zehen

Wurzelgemüse

200 g Kartoffeln
200 g Süßkartoffeln
150 g Rote Bete, geschält
1 große Zwiebel, rot
1 TL Paprikapulver, süß

Topping

½ Granatapfel
2 – 3 Stängel Petersilie

Luke Dieses Gericht könnte ich jeden Tag essen. Es versetzt mich immer in meinen Lieblingshummusladen in eine der Seitenstraßen vom Carmel Market in Tel Aviv. Weiße Bohnen sind reich an Proteinen und Ballaststoffen zugleich und dienen in vielen Gegenden der Welt als Staple Food! Das erste Mal gegessen habe ich weiße Bohnen bei Nana, meiner Oma aus Florida, in einem cremig-feurigen Curry. Mann, war das lecker. Na ja, wie dem auch sei: eine nette Abwechselung zu Kichererbsen!

ZUBEREITUNG

Weiße Bohnen abtropfen lassen und mit **Tahini**, **Olivenöl**, **¼ TL Steinsalz** und dem **frisch gepressten Zitronensaft** in einen Zerkleinerer oder Mixer geben, noch nicht mixen. Beiseitestellen.

Backofen auf 160 Grad Umluft erhitzen. **Kartoffeln**, **Süßkartoffeln** und geschälte **Rote Bete** in mundgerechte Stücke schneiden. **Knoblauchzehen** schälen und ganz lassen. **Zwiebel** schälen und in feine Würfel schneiden. Kartoffeln, Süßkartoffeln, Rote Bete, Zwiebel, Knoblauch und ordentlich Steinsalz in einer großen Schale vermengen. Auf der mittleren Schiene ca. 35 Minuten backen, bis das Gemüse bissfest gegart ist. Den Knoblauch nach bereits 15 Minuten herausnehmen und zu den Bohnen in den Zerkleinerer geben.

Für den Hummus alle Zutaten mit **43 ml kaltem Wasser** gründlich zu einem cremigen Hummus pürieren. Mit Steinsalz und Zitronensaft abschmecken und luftdicht im Kühlschrank lagern. Das fertige Gemüse mit etwas **Olivenöl**, **Paprikapulver**, **Petersilie** und den **Granatapfelkernen** vermengen. Hummus in einer Schale verteilen, mit dem Gemüse toppen und nach Belieben mit **Tahini** und **Olivenöl** beträufeln.

VOLLKORNPASTA IN SÜẞKARTOFFEL KNOBLAUCH KÄSESOẞE

Cremig-leckeres Pasta-Gericht | 2 Personen

Base

170 g Vollkornpasta, optional Pasta aus Kichererbsen
200 g Kreuzblütlergemüse, z. B. Grünkohl, Rosenkohl, Brokkoli oder Blumenkohl
120 g Kichererbsen, abgetropft
2 TL Kokosöl

Soße

280 g Süßkartoffeln
200 ml ungesüßte Sojamilch, optional ungesüßte Mandelmilch
18 g Hefeflocken
15 g Senf
4 Knoblauchzehen
2 TL frisch gemahlener schwarzer Pfeffer
1 TL Paprikapulver

Luke *One take!* Als ich diese Käsesoße entwickelt habe, war ich skeptisch, aber sie ist mir mit genau diesem Rezept direkt beim ersten Mal perfekt gelungen. Unglaublich lecker! Ich kann von diesem Gericht nicht genug bekommen. Probiere ruhig mal die Variante mit Rosenkohl und Grünkohl, falls gerade Saison ist; das passt wirklich gut, aber auch Brokkoli ist nice. Kreuzblütler hemmen zusammen mit Zwiebelgewächsen am stärksten das Wachstum von Krebszellen; ich esse beides daher täglich. *Enjoy!*

ZUBEREITUNG

Backofen auf 150 Grad Umluft vorheizen. **Süßkartoffeln** waschen und in kleine Würfel schneiden. **Knoblauchzehen** schälen, die Zehen ganz lassen. **Kokosöl** verflüssigen (z. B. im warmen Backofen) und mit beidem vermengen. **Steinsalz** hinzufügen und in den Backofen geben.

Süßkartoffeln für ca. 25 Minuten backen, bis sie gar sind. Nach 10 Minuten die ganzen Knoblauchzehen herausnehmen. In der Zwischenzeit die **Vollkornpasta** nach Packungsanweisung al dente kochen. Das **Kreuzblütlergemüse** bissfest dampfgaren, alternativ für die letzten 2 – 3 Minuten mit der Pasta mit kochen.* Zu beidem **Steinsalz** nach Belieben hinzufügen. Pasta im Sieb abtropfen lassen; anschließend mit **Kichererbsen** und Gemüse im Kochtopf warmhalten.

Sobald die Süßkartoffeln gar sind, **alle Zutaten für die Käsesoße** in den Mixer geben und zu einer cremigen, homogenen Masse pürieren.

Die Soße mit der Pasta und dem Gemüse vermengen und ordentlich **Olivenöl**, weiteren **schwarzen Pfeffer** und **Steinsalz** hinzufügen.

* Grünkohl benötigt eine nur sehr kurze Kochzeit, deshalb sollte er erst ganz zum Schluss in den Dampfgarer bzw. Kochtopf gegeben werden.

BUTTERWEICHE MÖHREN IN HASELNUSS KNOBLAUCH SOßE

Mit Curry-Kümmel-Kichererbsen & Petersilie | 1 Person

Base

320 g Möhren
140 g Kichererbsen
30 g Walnüsse
9 ml Yaconsirup oder roher Bio-Honig
1 gehäufter TL Currypulver
1 TL Kreuzkümmel
½ TL Paprikapulver

Soße

55 g Haselnussmus*
15 ml Olivenöl, + 2 TL extra
6 Knoblauchzehen, ca. 15 g
Petersilie

* Haselnussmus bekommst du mittlerweile günstig in der Drogerie. Alternativ bestellst du dir die rohe Variante hinten im Buch aus meinen Bezugsquellen.

** Olivenöl sollte nicht erhitzt werden, deshalb ist es wichtig, die Temperatur deiner Pfanne wirklich niedrig zu halten.

Luke Entwickelt habe ich die Idee für dieses Rezept in Rapallo, einem kleinen Ort in Norditalien. An dem Abend habe ich für Vicky und mich eine Haselnuss-Knoblauch-Tomaten-Pasta mit wunderbar bissfester italienischer Pasta aus altem Timilia-Weizen gekocht. Dieses Rezept ist aber noch besser! Haselnussmus ist reich an Magnesium, enorm wichtig für deine Darmperistaltik, also die Bewegung deines Darms. So beugst du Verstopfungen vor und ganz nebenbei wirkt es sich auch positiv auf deinen Schlaf aus!

ZUBEREITUNG

Möhren waschen, die Enden abtrennen und halbieren. **Kichererbsen** abtropfen lassen und mit **Currypulver**, **Kreuzkümmel**, **Paprikapulver**, **Yaconsirup**, **grob gehackten Walnüssen**, ordentlich **schwarzem Pfeffer** und einer guten **Prise Steinsalz** in einer Schale vermengen und beiseitestellen.

Knoblauchzehen schälen und in feine Blättchen schneiden. Pfanne auf niedrige bis mittelhohe Hitze erwärmen und die **2 TL Olivenöl** hineingeben.** Sobald das Olivenöl angewärmt ist, die Knoblauchzehen darin 3 – 5 Minuten sanft rösten. Sobald sie beginnen sich zu bräunen, vom Herd nehmen, etwas Steinsalz hinzufügen und sehr fein hacken. Für die Soße **Haselnussmus**, **Knoblauch**, die **15 ml Olivenöl**, eine gute **Prise Steinsalz** und 30 ml Wasser in eine Schale geben, noch nicht verrühren.

Möhren für ca. 7 – 9 Minuten dampfgaren, bis sie eine angenehm weiche, aber dennoch leicht bissfeste Konsistenz haben.

Möhren nach Belieben mit Steinsalz würzen, auf Tellern anrichten und mit den Kichererbsen toppen. Die Soße verrühren, darüber träufeln und mit **Petersilie** nach Belieben und **extra schwarzem Pfeffer** toppen.

KARTOFFELSTAMPF
MIT GLASIERTEN BALSAMICO SCHALOTTEN

Dazu Räuchertofu & knackiger Brokkoli | 2 Personen

Kartoffelstampf

550 g rotschalige Kartoffeln*
40 g weißes Mandelmus
30 g getrocknete Tomaten in Öl
20 g Olivenöl

Glasierte Schalotten

5 Schalotten, ca. 180 g, optional rote Zwiebeln
140 g Räuchertofu
120 g Brokkoli
Eine Handvoll Walnüsse
3 Stangen Lauchzwiebeln
16 ml Balsamicoessig
¼ Bund Basilikum
1 TL schwarzer Pfeffer
½ TL Paprikapulver

* Rotschalige Kartoffeln sind meist festkochend, nicht optimal für Kartoffelpüree, dafür durch die Farbe jedoch nährstoffdichter. Mehlig kochende Kartoffeln sind etwas leichter zu verarbeiten und haben eine geringere Kochzeit.

ZUBEREITUNG

Kartoffeln vierteln und für 20 – 30 Minuten in reichlich Salzwasser kochen, bis sie gar sind. In der Zwischenzeit **Schalotten** in grobe Stücke schneiden und die **Brokkoliröschen** abzupfen. **Räuchertofu** mit einem Brotmesser in hauchdünne Scheiben schneiden und beiseitestellen. **Getrocknete Tomaten** grob hacken.

Die Schalotten auf mittelhoher Hitze für 5 – 6 Minuten in **1 TL Kokosöl** glasig dünsten. Kräftig pfeffern, salzen, Paprikapulver und Balsamicoessig dazugeben und für 30 Sekunden vermengen. Beiseitestellen.

Die Brokkoliröschen in dieselbe Pfanne werfen und für 3 – 4 Minuten scharf anbraten, ebenfalls salzen.

Für den Kartoffelstampf die Kartoffeln mit **Mandelmus**, **Olivenöl**, **getrockneten Tomaten** und **25 ml Wasser** mit einem Stampfer grob pürieren. Mit Steinsalz abschmecken.

Den Stampf auf 2 Tellern anrichten, die Schalotten darauf verteilen und die rohen Räuchertofuscheiben darauflegen. Lauchzwiebel in Ringe schneiden. Den **Brokkoli** seitlich neben dem Stampf platzieren und mit **Lauchzwiebeln**, **Basilikum**, gehackten **Walnüssen** und zusätzlichem **Olivenöl** toppen und servieren.

Luke Kartoffeln werden so oft schlecht geredet, für mich unerklärlich! Es ist nicht die Kartoffel, die uns krank macht, sondern es sind die Gerichte, die wir aus ihr machen. Pommes, Chips und Rösti sind meilenweit entfernt von gekochten ganzen Kartoffeln. Diese stecken im Gegensatz zu hochverarbeiteten Kartoffelprodukten voller Mineralstoffe, Ballaststoffe und sogar gutem Eiweiß. Darüber hinaus stehen Kartoffeln weit oben auf dem Sättigungsindex, so machen sie gerade am Abend richtig schön satt. Die Balsamico-Zwiebeln in Kombination mit dem knackigen Brokkoli und dem weichen Kartoffelstampf sind unschlagbar. Ein absolutes Wohlfühlgericht!

KICHERERBSEN BALSAMICO TOMATEN MASALA

Mit Rote Bete & Kokosmilch | 2 Personen

Base

320 g Kichererbsen
200 g Rote Bete, roh
125 g Spinat
3 Zwiebeln, ca. 140 g
2 TL Kokosöl

Masala-Soße

420 g Passata
200 ml Kokosmilch + 2 EL extra
30 g getrocknete Tomaten
1 Chili, rot
17 g Balsamicoessig
1 TL Honig, ca. 3 g
2 TL Oregano
1 ½ TL Garam Masala

Luke Ein unglaublich besonderer, cremiger, tomatiger Geschmack. Mach das unbedingt nach. Als ich das Rezept zum Testessen zu einem Picknick am See meinen Freunden mitgebracht habe, waren alle begeistert. Alica meinte: „Boah, diesen Geschmack kennt man gar nicht." Rote Bete unterstützt deinen Körper bei seiner natürlichen Entgiftung und ist reich an sekundären Pflanzenstoffen. Roh verzehrt ist es nicht unüblich, dass sie sogar den menschlichen Stuhl rot färbt. Ein heimisches, gesundes und günstiges Superfood! Ein absolut tolles Gericht.

ZUBEREITUNG

Getrocknete Tomaten hacken und mit **allen anderen Zutaten für die Soße** (außer Garam Masala und Oregano) exklusive der **2 EL Kokosmilch** in eine große Schale geben. Ordentlich pfeffern und nach Belieben salzen. Die Soße gründlich vermengen und beiseitestellen.

Kichererbsen abtropfen lassen. **Zwiebeln** in grobe Stücke schneiden, **Rote Bete** in Filets schneiden und den **Spinat** waschen.

2 TL Kokosöl in einem großen Topf auf mittelhoher Hitze erwärmen lassen. **Zwiebeln** für 3 Minuten glasig dünsten. **1 TL Garam Masala** sowie **2 TL Oregano** und die **2 EL Kokosmilch** in den Topf geben. Alles gründlich vermengen und für eine weitere Minute karamellisieren lassen. **Rote Bete**, **Kichererbsen**, **2 EL Wasser** und einen weiteren **½ TL Garam Masala** in die Pfanne geben. Alles miteinander verrühren. **30 ml Wasser** in die leere Passata-Flasche geben und ordentlich schütteln. Die 30 ml und die vorbereitete Masala-Soße in den Topf geben. Aufkochen lassen und auf mittlerer Stufe 15 Minuten köcheln lassen, bis die Rote Bete weich ist. Zum Schluss den **Spinat** in den Topf legen und behutsamen unterheben.

LEICHTER CHICORÉE SALAT MIT OLIVEN

Dazu Feto & getrocknete Tomaten | 1 Portion

Base

130 g Feto, optional Tofu oder Feta-Käse
115 g schwarze Linsen, optional braun
1 Chicorée-Kopf, ca. 60 g
1 Avocado
30 g getrocknete Tomaten, in Öl

Topping

Eine Handvoll Oliven
2 Stangen Lauchzwiebeln
30 g rote Trauben
25 ml Olivenöl, optional das Öl von den getrockneten Tomaten verwenden
½ Bund Basilikum

ZUBEREITUNG

Schwarze Linsen über Nacht oder für ca. 8 Stunden einweichen lassen. Optional keimen lassen.

Linsen mit ½ **Gemüsebrühwürfel** bissfest kochen und abtropfen lassen.

Feto in mundgerechte Würfel schneiden, **Chicoréeblätter** abzupfen, waschen und trocken schleudern. **Avocado** in feine Filets schneiden, **getrocknete Tomaten** grob hacken. **Lauchzwiebeln** in Ringe schneiden, **rote Trauben** halbieren und **Basilikumblätter** vom Bund abzupfen.

Alle Zutaten in eine große Schale geben und vermengen. Gründlich **salzen**, **pfeffern** und servieren. Großzügig mit Olivenöl beträufeln.

Luke Chicorée solltest du öfter mal essen – ein ausgezeichneter Salat für deine Darmgesundheit. Feto, fermentierten Tofu, findest du im Bioladen von *Taifun*. Aber wenn du meinen Content kennst, weißt du das ja mittlerweile. Ich esse diesen Salat aktuell einmal die Woche. Bei Bedarf gebe ich noch etwas abgekühlte Vollkornpasta hinzu, um die Kalorien hochzuschrauben.

DINKELSPAGHETTI IN CREMIGER CASHEW PFEFFERSOßE

Mit knusprigem Pilz-Knoblauch-Basilikum-Topping | 2 Personen

Base

220 g Dinkelvollkornspaghetti, optional Buchweizenspaghetti
250 g braune Champignons
4 Knoblauchzehen
½ Bund Basilikum

Cashewsoße

80 g Cashewmus
16 ml Sojasoße
1 ½ EL Hefeflocken
1 TL Paprikapulver süß, ca. 3 g
1 TL schwarzer Pfeffer, frisch gemahlen
1 TL roher Bio-Honig, ca. 3 g

Luke Beim Testen des Rezepts war Vickys originaler Wortlaut: „O mein Gott, das ist mein Lieblingsgericht aus ‚100 werden 2'." Ironischerweise habe ich mir 2 Tage, bevor ich dieses Rezept entwickelt habe, den Magen verdorben und konnte das Gericht nicht einmal testen. Es riecht jedoch allein beim Zubereiten schon so unglaublich lecker. Pilze enthalten reichlich Spermidin, welches gezeigt hat, die positiven Effekte des Fastens zu intensivieren. Gut also, wenn du Intervallfasten machst.

ZUBEREITUNG

Alle Zutaten für die Cashewsoße in einer großen Schale vermengen und beiseitestellen.

Pilze sehr fein hacken, **Knoblauch** in dünne Scheiben schneiden.

Dinkelvollkornspaghetti nach Packungsanweisung in gesalzenem Wasser bissfest garen. Zum Ende hin **210 ml Pastawasser** abschöpfen und für die Cashewsoße zurückbehalten.

Pilze bei mittelhoher Hitze in **2 TL Kokosöl** für 5 – 6 Minuten braten, bis sie leicht knusprig sind. Gründlich **pfeffern** und **salzen**. Knoblauch und **½ TL Paprikapulver** hinzufügen und für 1 – 2 Minuten weiterbraten. In der Zwischenzeit die 210 ml Pastawasser zur Cashewsoße geben und gründlich mit einem Schneebesen vermengen. Pfanne runterdrehen, **Basilikum** grob hacken und zu den Pilzen geben. 80 % der Soße in die Pfanne einfließen lassen und die Soße für 1 – 2 Minuten andicken lassen.

Pasta auf 2 Tellern anrichten, die Pilz-Cashew-Mischung darüber geben, mit **Olivenöl** beträufeln und den Rest der Soße um die Pasta herum gießen.

* Sollte zu viel Flüssigkeit aus den Pilzen austreten, diese kurz in ein Sieb geben, abtropfen lassen und zurück in die Pfanne werfen.

SAFTIGER TOMATEN-KÜRBIS-MIX MIT TAHINI JOGHURT SOßE

Mit Balsamico, Zwiebeln & Pekannüssen | 2 Personen

Base

550 g bunte Cherry-Tomaten
1 kleiner Kürbis, ca. 700 g brutto bzw. 450 g netto
3 Knoblauchzehen
Eine Handvoll Nüsse
2 Zwiebeln, ca. 230 g brutto

Marinade

12 ml Balsamico
8 ml Sojasoße, Tamari
1 TL Thymian, getrocknet
1 TL Kreuzkümmel, ganz
½ TL Paprikapulver, süß

Tahini-Joghurt-Soße

145 g Tahini, Marke: *Pepperwood Organics* oder *Al Arz*
120 g Joghurt oder Sojajoghurt
12 ml Zitronensaft, frisch gepresst
1 EL Olivenöl
½ TL Steinsalz

Luke Dieses Rezept ist eine Hommage an eins der meistgekochten Gerichte aus meinem ersten Buch „100 werden", das Rezept „Drillinge mit Tahini-Dattel-Dressing". Es funktioniert dabei genauso gut. Wirklich großartig im Geschmack. Kürbis enthält viel Betacarotin, die Vorstufe von Vitamin A. Nicht nur gut für den Darm, sondern auch für die Augen. Das Lycopin aus den Tomaten wird beim Erhitzen sogar noch bioverfügbarer für den Körper. Probiere das mal.

ZUBEREITUNG

Alle Zutaten für die **Tahini-Joghurt-Soße** und 2 EL Wasser mit einem Schneebesen in einer großen Schale homogen schlagen. Falls vorhanden, in eine Quetschflasche füllen. Beiseitestellen.

Cherry-Tomaten halbieren, **Zwiebeln** würfeln, **Knoblauch** in feine Streifen schneiden. **Kürbis** ebenfalls würfeln.

Kürbis für 10 – 15 Minuten bissfest dampfgaren, alternativ kochen. Gründlich salzen. Währenddessen Pfanne auf mittlere Hitze erhitzen. **Cherry-Tomaten** und **Zwiebeln** hinzufügen und 6 Minuten im eigenen Sud garen. **Knoblauch** hinzufügen und 2 Minuten weiter garen. Die Masse in ein Sieb geben und die entstandene Flüssigkeit abtropfen lassen, sodass eine etwas trockenere Masse übrig bleibt.

Den Inhalt zurück in die Pfanne geben. **Alle Zutaten** für die **Marinade** in einer kleinen Schale vermengen und ebenfalls zur Pfanne geben. Herd ausschalten, Kürbis hinzufügen, gründlich vermengen und 10 Minuten ziehen und leicht abkühlen lassen. Eine **Handvoll Nüsse** sowie einen guten Schuss **Olivenöl** unterheben. Den Kürbis-Tomaten-Mix auf Tellern anrichten und das Dressing darum verteilen.

Nach Belieben salzen.

GEBACKENE SÜẞKARTOFFELN MIT KRÄUTER TAHINI SOẞE

Dazu gebackene Pilze & Gurke | 2 Personen

Base

2 mittelgroße Süßkartoffeln, ca. 580 g
250 g braune Champignons
70 g Zwiebeln, rot
¼ Gurke, ca. 95 g
18 g Kokosöl

Grüne Tahini-Soße

90 g Tahini, Marke: *Pepperwood Organics* oder *Al Arz*
30 ml Olivenöl
11 g Petersilie
8 ml Zitronensaft
1 Knoblauchzehe
1 TL Thymian
1 TL Kreuzkümmel

Luke Als ich dieses Rezept das erste Mal probiert habe, war ich selbst unglaublich angetan. Der Thymian und der Kreuzkümmel zusammen mit der Tahini-Paste ergeben eine wunderbare Kombination. Optimieren kannst du dieses Gericht sogar noch, wenn du die Süßkartoffeln ordentlich abkühlen lässt, so entsteht Resistente Stärke, welche deinen Darmbakterien als Futter dient. Auch wenn es viele nicht auf dem Schirm haben, Pilze sind eine schöne proteinreiche Ergänzung zu Linsen, Hafer, Tofu und Co.

ZUBEREITUNG

Alle Zutaten für die grüne **Tahini-Soße** mit 80 ml **Wasser** im Mixer glatt pürieren und beiseitestellen.

Ofen auf 150 Grad Umluft vorheizen. **Süßkartoffel** gründlich waschen und in kleine Würfel schneiden. **Pilze** halbieren, **Zwiebeln** in Ringe schneiden.

Das **Kokosöl** im warmem Ofen in einer kleinen Schale schmelzen lassen. Das Gemüse gründlich salzen und mit dem Kokosöl in einer Schale vermengen.

Das Gemüse gleichmäßig auf dem Backblech verteilen und für 30 – 35 Minuten backen; die Süßkartoffeln sollten noch einen leichten Biss haben.

Das Gemüse aus dem Ofen nehmen und leicht abkühlen lassen. In der Zwischenzeit die **Gurke** würfeln und hinzugeben.

Auf 2 Tellern verteilen und großzügig mit der grünen Tahini-Soße beträufeln.

CHICORÉE SCHIFFE MIT TEMPEH CURRY FÜLLUNG

Ballastoffreich & unglaublich lecker | 2 Personen

Base

2 große Chicorée-Köpfe

Füllung

200 g Tempeh, natur
1 große Paprika, ca. 200 g brutto bzw. 180 g netto
110 g weißes Mandelmus
25 g Nüsse, optional
17 ml Balsamicoessig
2 Stangen Lauchzwiebeln, ca. 15 g
1 kleine rote Chilischote, ca. 11 g
10 ml Olivenöl
1 ½ TL Curry, ca. 6 g
1 TL Kreuzkümmel, ca. 3 g
1 TL Ingwer, ca. 2 g

ZUBEREITUNG

Chicoréeblätter vorsichtig abzupfen, waschen und trocken schleudern. Die Chicorée-„Schiffe" auf 2 großen Tellern bereitlegen.

Paprika entkernen. Paprika und **Tempeh** in mundgerechte Würfel schneiden, **Lauchzwiebeln** und **Chili** in feine Ringe schneiden, **Ingwer** fein hacken. Alles in eine große Schale geben.
Curry, **Kreuzkümmel**, **Olivenöl**, **Balsamicoessig**, **½ TL Steinsalz** und frisch gemahlenen schwarzen Pfeffer dazugeben und gründlich schwenken. **Mandelmus** einrühren, alles miteinander vermengen und mit Steinsalz abschmecken. Optional **Nüsse** unterheben und die Mischung sachte mit 2 kleinen Löffeln in die Chicorée-Schiffe füllen.

Luke Chicorée bekommst du am besten auf dem Markt. Dort schmeckt er, wie er schmecken sollte: frisch und dennoch leicht bitter. Herkömmliche Chicorées (leider auch im Bio-Supermarkt) schmecken leider überhaupt nicht mehr bitter. Schade, denn Bitterstoffe wie aus dem Chicorée oder auch aus Oliven sind so wichtig für unsere Darmgesundheit. Aber keine Sorge, die Füllung ist so lecker und harmoniert wunderbar mit dem Chicorée. Eine schnelle Nummer, nur das Befüllen braucht ein wenig Geduld.

STICKY BLUMENKOHL MIT TEMPEH & ERBSEN

In würziger Soja-Sesam-Marinade | 2 Personen

Base

1 großer Blumenkohl, ca. 1100 g brutto
200 g Tempeh
100 g Erbsen, tiefgekühlt
5 Knoblauchzehen, ca. 17 g
3 Stangen Lauchzwiebeln, ca. 35 g
1 mittelgroße rote Chilischote

Marinade

90 ml Kokosmilch
30 ml Sojasoße, Tamari
25 g Tomatenmark
15 ml Yaconsirup, optional roher Bio-Honig
15 g Sesamöl, geröstet
10 g Mehl, Vollkorn
1 TL Balsamicoessig, ca. 4 g

Luke Dieses Gericht ist so unglaublich lecker, ich könnte es zu allem essen! Zu Hummus, in Wraps, als Salattopping, mit Avocado, auf Pasta, mit Reis oder einfach pur!
Kreuzblütler wie Blumenkohl zählen zu den gesündesten Gemüsesorten neben Zwiebelgewächsen. Wenn ich nur noch zwei Gemüsegruppen essen dürfte, wären es Kreuzblütler und Zwiebelgewächse. Durch die Erbsen und den Tempeh hast du außerdem ein schön ausgeglichenes und gut verfügbares Aminosäurenprofil.

ZUBEREITUNG

Knoblauch in feine Streifen schneiden, **Chili** in Ringe schneiden. Beides beiseitestellen.

Blumenkohl in mundgerechte Röschen zupfen und den **Tempeh** würfeln. Beides zusammen mit den **Erbsen** für ca. 7 – 8 Minuten bissfest dampfgaren.*

Die Blumenkohl-Tempeh-Erbsen-Mischung gründlich salzen und warmhalten. Eine Pfanne auf niedriger bis mittlerer Hitze erwärmen. 1 TL **Kokosöl** hinzugeben. **Knoblauch** und **Chili** für 4 – 5 Minuten rösten. Der Knoblauch sollte sein Aroma entwickeln, jedoch nicht braun werden. In der Zwischenzeit **alle Zutaten für die Marinade** in einer Schale vermischen, zum Knoblauch-Chili-Mix geben und für 2 – 3 Minuten andicken lassen.

Die Marinade zum Blumenkohl-Mix hinzufügen und gründlich vermengen. **Lauchzwiebeln** in Ringe schneiden, unterheben und optional mit Sesamsamen toppen.

* Optional den Blumenkohl ca. 5 Minuten bissfest kochen, zum Ende den Tempeh und die Erbsen hinzufügen.

CREMIGES SÜẞKARTOFFEL ERDNUSS CURRY

Mit Spinat & weißen Bohnen | 2 Personen

Base

400 ml Kokosmilch, mind. 66 % Kokosnussanteil
1 mittelgroße Süßkartoffel, ca. 300 g
1 Dose weiße Bohnen, ca. 240 g
110 g grüne Bohnen
3 rote Zwiebeln
1 mittelgroße rote Chilischote
5 Knoblauchzehen
2 Händevoll Babyspinat
1 daumengroßes Stück Ingwer

Umami

3 TL Currypulver
2 EL Tomatenmark
1 EL Thymian, getrocknet
1 EL Erdnussmus, gehäuft

Luke Auf dem Foto siehst du lila Süßkartoffeln, die Königsklasse des (Süß-)Kartoffelkonsums. Ich bekomme sie meist nur auf dem Markt, manchmal im Bioladen. Lila Süßkartoffeln waren ein Grundnahrungsmittel der 100-jährigen Okinawa-Japaner; der Anblick ist wahnsinnig schön. Der Gehalt zellschützender Anthocyane ist sogar noch höher als bei Blaubeeren! Zudem punkten Süßkartoffeln auch im Bereich der Darmgesundheit. Die Oligosaccharide dienen als natürliche Präbiotika und bringen dein Mikrobiom ins Gleichgewicht. Ich war schon immer Süßkartoffelfan.

ZUBEREITUNG

Zwiebeln fein würfeln, **Knoblauch** in Blättchen schneiden, **Chili** in Ringe schneiden und **Ingwer** fein hacken. **Süßkartoffel** in mundgerechte Stücke schneiden, von den **Bohnen** die Enden abtrennen und halbieren.

2 TL **Kokosöl** im Wok (optional Pfanne) auf mittelhoher Hitze erhitzen. Zwiebeln 4 – 5 Minuten glasig dünsten.

Knoblauch, Ingwer und Chili hinzufügen. Weitere 3 Minuten dünsten. **Currypulver**, **Thymian**, **Tomatenmark**, **2 EL von der Kokosmilch** und **¼ TL Steinsalz** in die Pfanne geben und gründlich vermengen. 1 – 2 Minuten weiter rösten, sodass sich die Aromen verbinden. Süßkartoffeln und grüne Bohnen in die Pfanne werfen und mit der Zwiebel-Curry-Mischung vermengen. **Weiße Bohnen** abtropfen lassen und mit Kokosmilch, **150 ml Wasser** und **Erdnussmus** unterheben. Nochmals kräftig salzen. Das Curry aufkochen lassen und für 15 – 20 Minuten köcheln lassen, bis die Süßkartoffeln bissfest gegart sind. Wird das Curry zu dickflüssig, noch etwas Wasser hinzufügen. Zum Schluss den **Spinat** in die Pfanne geben und unterheben. Das Curry mit Steinsalz abschmecken.

DER 100 WERDEN EINTOPF

Nährstoffreicher & wärmender Eintopf mit würzig-intensiven Geschmack | ca. 3 Personen

Base
250 g Kartoffeln
200 g Vollkornpasta
180 g weiße Bohnen
4 Knoblauchzehen
150 g Tempeh
150 g Grünkohl, optional Spinat
1 Pak-Choi-Kopf
80 g braune Champignons
1 rote Paprika
2 rote Zwiebeln
150 g Kochbananen, optional Kartoffeln, Süßkartoffeln oder Kürbis

Umami
1,2 Liter Gemüsebrühe
65 g Tomatenmark
55 g getrocknete Tomaten
20 g Balsamicoessig
2 TL Sojasoße
2 TL getrockneter Rosmarin

Topping
½ Bund Petersilie
3 EL Olivenöl

Luke Dieser Topf ist so wärmend, nährstoffreich und simpel zuzubereiten. Einzig das Schnippeln nimmt etwas Zeit in Anspruch, danach ist es easy. Während alles kocht, räume ich die Küche schon mal auf. So muss ich nach dem Essen nur noch den Topf und das Geschirr abwaschen. Eins meiner Lieblingsgerichte. *Health in a pot!*

ZUBEREITUNG

Mise en place: Bereite zunächst alle Zutaten vor.

Rote Zwiebeln und **Knoblauch** grob schneiden. **Rote Paprika**, **Tempeh**, **Kartoffeln** und **Kochbananen** in mundgerechte Stücke schneiden. **Champignons** halbieren. **Kochbananen** in dicke Scheiben schneiden, **weiße Bohnen** abtropfen lassen und **Vollkornpasta** abwiegen. **Grünkohl** und **Pak Choi** zunächst beiseitelegen.

2 TL Kokosöl in einem Topf auf mittlerer Stufe erwärmen. **Zwiebeln**, **Knoblauch**, **Paprika** und eine **Prise Steinsalz** für 3 Minuten sanft rösten.

Kartoffeln, **Tomatenmark**, **Sojasoße**, **getrocknete Tomaten**, **Balsamicoessig** und **Rosmarin** hinzufügen. Weitere 2 Minuten rösten. Stetig rühren. Reichlich Pfeffer in den Topf geben.

Den Inhalt mit **Gemüsebrühe** ablöschen und aufkochen lassen. Sobald die Kartoffeln etwas weicher geworden sind, **Vollkornpasta**, **weiße Bohnen**, **Champignons** und **Tempeh** hinzugeben. So lange kochen, bis die Vollkornpasta al dente ist. Topf vom Herd nehmen. **Grünkohl** und **Pak Choi** in mundgerechte Blätter zupfen. Grünkohl, Pak Choi, **Petersilie** und **3 EL Olivenöl** unterheben. Mit **frisch gepresstem Zitronensaft** und **Meersalz** abschmecken. Servieren.

ON THE SIDE

GRÜNKOHL MIT WALNUSS CRUMBLE

Mit Olivenöl & Zwiebelgranulat | 1 kleine Portion

Zutaten

50 g Grünkohlblätter
14 g Walnüsse
1 EL Olivenöl
1 TL Zwiebelgranulat

ZUBEREITUNG

Grünkohlblätter für ca. 3 Minuten dampfgaren. Optional für ca. 1 – 2 Minuten blanchieren.

Walnüsse feinhacken. Grünkohl in einer großen Schale mit **Olivenöl**, **Zwiebelgranulat** und **Steinsalz** nach Belieben vermengen und servieren.

Luke Grünkohl: das gesündeste Gemüse der Welt! Kein anderes Lebensmittel hat so eine großartige Nährstoffdichte wie Grünkohl. Grünkohl ist meine Beere des Winters, ein Superfood! Ich esse dieses Rezept drei- bis viermal die Woche. Grünkohl hält mich auch im Winter gesund und versorgt mich mit Nährstoffen. Ergänzt mit Olivenöl und Walnüssen ist dieses Rezept richtig, richtig stark.

SEHR EINFACHE & RUSTIKALE WALNUSSBRÖTCHEN

Mit Omega-3-haltigen Samen & Nüssen | ca. 6 Brötchen

Brötchen

250 g Buchweizenmehl
80 g Haferkleie, optional Haferflocken
60 g Walnüsse
30 g Leinsamen, geschrotet
20 ml Olivenöl
10 g Backpulver
8 g Steinsalz

Luke Ich wollte einfach glutenfreie, gesunde Brötchen haben, die man sich mal eben machen kann. Deshalb habe ich dieses Rezept entwickelt. Sie sind reich an Omega-3, wobei wir hier ehrlich sein müssen: Natürlich ist Hitze für Omega-3-Fettsäuren nicht das Allerbeste. Reich an Ballaststoffen und Mineralstoffen sind diese Brötchen dennoch und durch die vielen Walnüsse haben sie einen tollen Crunch. Einfach mal was ganz anderes, aber superlecker und supergesund! Ein bisschen Avocado, Bio-Rohmilchbutter, Kräutersalz oder Olivenöl drauf und ich bin schon happy.

ZUBEREITUNG

Walnüsse grob hacken und mit **allen anderen Zutaten** und **8 g Steinsalz** in einer großen Schüssel vermengen.

Behutsam **345 ml Wasser** hinzufügen und zu einem rustikalen, klebrigen Teig verrühren. Den Teig 15 Minuten stehen lassen, sodass er sich etwas setzen kann.

In der Zwischenzeit den Backofen auf 180 Grad Umluft vorheizen.

Mit einem Löffel aus der Masse 6 grobe und rustikale Haufen auf ein mit Backpapier belegtes Backblech geben. Die Teigmasse sollte eher in die Höhe als in die Breite gehen.

Die Brötchen mit ein paar **Haferflocken** oder **Kernen** deiner Wahl toppen und bei 180 Grad für 60 Minuten backen.

Nach 45 Minuten die Brötchen immer wieder checken. Stichst du ein Messer in den Teig und es bleibt nichts mehr kleben, sind die Brötchen fertig gebacken.

COCONUT CURRY SOUP

Leichte, pikante & cremige Kokossuppe mit Tofu | 1 Portion

Zutaten

280 ml Kokosmilch
150 g Tofu
6 mittelgroße Champignons, braun
1 mittelgroße rote Zwiebel
2 EL Olivenöl
2 gehäufte TL Harissapaste, Marke: Belazu „Rose Harissa"
2 Händevoll Basilikum, ca. 30 Blätter
½ TL Honig, Bio/Rohkostqualität

ZUBEREITUNG

Zwiebeln in grobe Stücke schneiden. **Champignons** in grobe Filets schneiden und **Basilikumblätter** behutsam abzupfen.

Pilze und Zwiebeln in **1 TL Kokosöl** für 2 bis 3 Minuten scharf anbraten.

Pfanne etwas herunter drehen. **Harissapaste** und **2 EL von der Kokosmilch** in die Pfanne geben. Gründlich für ein paar Sekunden mit dem Gemüse vermengen und die **restliche Kokosmilch** hinzugeben. Kurz aufkochen lassen. **Tofu** in grobe Würfel schneiden und zusammen mit den **Basilikumblättern** in die Pfanne geben.

Für ca. 4 bis 5 Minuten köcheln lassen. Kräftig **salzen** und bei Bedarf **pfeffern**.

Pfanne vom Herd nehmen. **Honig und Olivenöl** unterrühren und servieren

Luke Eine unglaublich leckere, aromatische und schnelle Nummer nach der Schule, Uni oder Arbeit. Großartig schmeckt das Curry auch mit Linsen. Eins meiner schnellsten und neusten Lieblingsgerichte. Mach das unbedingt mal nach, richtig lecker.

WEISSE BOHNEN ROSMARIN CREME MIT LAUCHZWIEBEL INGWER TOPPING

Dazu Erbsen & Tofu | 1 Person

Weiße-Bohnen-Rosmarin-Creme

100 g weiße Riesenbohnen
40 g Tahini, Marke: *Pepperwood Organics* oder *Al Arz*
14 ml Zitronensaft, frisch gepresst
14 ml Olivenöl
½ TL Rosmarin

Topping

90 g Tomaten
70 g Räuchertofu
50 g Erbsen, tiefgekühlt
2 Stangen Lauchzwiebeln, ca. 22 g brutto
1 kleine rote Chilischote
1 daumengroßes Stück Ingwer

Luke Hier hast du eine richtig gute Portion Protein und Ballaststoffe auf einmal drin, wirklich toll. Ich esse den Snack meistens mittags, wenn ich morgens trainiert habe. Ich gebe gerne noch ein paar gekeimte Brokkolisamen, Sprossen oder Kresse darüber, so habe ich gleich meine Portion Sulforaphan. Auch Chicorée passt hier sehr gut zu, finde ich.

ZUBEREITUNG

Weiße Riesenbohnen, **Tahini**, **Zitronensaft**, **Rosmarin**, **¼ TL Steinsalz** und **32 ml Wasser** im Zerkleinerer für 2 – 3 Minuten cremig pürieren. Mit **Steinsalz** abschmecken. **Olivenöl** unterheben und im Kühlschrank kaltstellen.

Lauchzwiebeln und **Chili** in Ringe schneiden, **Ingwer** in feine Blättchen schneiden und **Tomaten** vierteln. **Räuchertofu** in feine Streifen schneiden.

2 TL Olivenöl in eine Pfanne geben und die Pfanne auf mittlerer Hitze erwärmen.* Lauchzwiebeln, Chili, Ingwer, Tomaten und etwas Steinsalz für 4 – 5 Minuten im Öl sanft rösten. Zum Schluss **Erbsen** in die Pfanne geben, um sie auftauen zu lassen. Pfanne vom Herd nehmen.

Weiße-Bohnen-Creme auf dem Teller verteilen und mit allen anderen Zutaten toppen.

* Olivenöl zum Braten zu verwenden, ist nicht optimal, aber Kokosöl würde hier einfach nicht passen. Das Olivenöl solltest du deshalb nicht zu stark erhitzen, *slow roast* ist hier das Stichwort.

CREMIGER AVOCADO HUMMUS

Frisch, mit Olivenöl & Tahini | 2 Personen

Zutaten

280 g Kichererbsen, abgetropft
1 reife Avocado, ca. 120 g netto
55 g Tahini, Marke: *Pepperwood Organics* oder *Al Arz*
30 ml Olivenöl
12 g Petersilie
10 ml Zitronensaft, frisch gepresst
1 Knoblauchzehe

ZUBEREITUNG

Kichererbsen mit der **Avocado**, **Tahini** und **Olivenöl** im Zerkleinerer für 30 Sekunden pürieren. **Petersilie**, **Zitronensaft**, **Knoblauchzehe**, **½ TL Steinsalz** und **65 ml kaltes Wasser** hinzufügen. Für weitere 2 – 3 Minuten pürieren, bis ein cremig-weicher Hummus entstanden ist. Mit Steinsalz abschmecken und die Konsistenz bei Bedarf mit weiterem Wasser und Zitronensaft anpassen.

Den Hummus großzügig mit Olivenöl beträufeln und servieren.

Luke Dieses Gericht eignet sich gut für Partys zum Dippen. Ein paar Vollkornbrötchen oder Wraps dazu und fertig. Kichererbsen selbst einzuweichen und zu kochen, macht das Ganze noch bekömmlicher. Es braucht nur ein wenig Planung.

OMEGA-3 WALNUSS PESTO

Tolles Pesto zu Brot oder Pasta | 1 Portion

Zutaten

90 g Walnüsse
60 ml Olivenöl
13 ml Balsamicoessig
8 ml Zitronensaft, frisch gepresst
2 Knoblauchzehen, ca. 8 g
½ Bund Petersilie, ca. 27 g
½ Bund Basilikum, ca. 14 g
½ TL Steinsalz

ZUBEREITUNG

Zunächst die **Petersilie** und das **Basilikum** gründlich in den Zerkleinerer stopfen. **Alle anderen Zutaten** hinzufügen und für 30 – 60 Sekunden gründlich mixen.
1 EL Wasser hinzugeben, nochmals gründlich mixen und nach Belieben mit weiterem Steinsalz abschmecken.

Luke Dieses Pesto ist *top notch*!
Petersilie enthält wie auch Oregano oder Artischocken reichlich Apigenin, ein Flavonoid, welches zeigen konnte, insbesondere deine Firmicutes-Bakterien zu reduzieren. Diese stehen im Zusammenhang mit Übergewicht.
Dieses Pesto ist etwas stückiger und eignet sich toll als Aufstrich, aber auch zu Pasta oder Hülsenfrüchten.
Erhitzen solltest du es jedoch nicht, dafür enthält es zu viele wertvolle Stoffe aus dem rohen Knoblauch, dem Olivenöl und den Kräutern.

STICKY TEMPEH RIBS

Mit Knoblauch-Balsamico-Mandel-Marinade | 1 große Portion

Base

200 g Tempeh

Marinade

40 g braunes Mandelmus
20 ml Sojasoße, Tamari
12 ml Yaconsirup, optional roher Bio-Honig
5 ml Balsamicoessig
1 TL Tomatenmark, ca. 9 g
1 TL Knoblauchpulver, ca. 6 g
½ TL Paprikapulver
½ TL Kreuzkümmel

ZUBEREITUNG

Tempeh in gleichmäßig dicke Streifen schneiden.

Für die Marinade **alle Zutaten** in eine Schale geben, jedoch noch nicht verrühren.

1 TL Kokosöl in einer Pfanne auf mittlerer Hitze erwärmen. Den **Tempeh** von jeder Seite 3 Minuten braten, sodass er leicht gebräunt ist.

Herdplatte eine Stufe herunterdrehen.

2 EL Wasser zur Marinade geben und verrühren. Die Marinade zum Tempeh gießen und gründlich vermengen. 1 – 2 Minuten karamellisieren lassen, bis die Marinade vollständig vom Tempeh aufgenommen worden ist.

Die Ribs auf einem Teller anrichten und optional mit **Nüssen** dekorieren.

Luke Wahnsinnig lecker!
Tempeh hat im Vergleich zu Tofu den Vorteil, dass die Sojabohne fermentiert wurde. Durch das Fermentieren werden Antinährstoffe abgebaut. So erhöht sich zum einen die Verdaulichkeit, aber auch der Nährwert.
Die Rippchen passen super zu Hummus, in Wraps oder auch einfach zu einer Pasta mit etwas Olivenöl.
Auf einer Party habe ich sie mal serviert; sie waren direkt weg. Hmmm!

DAS SÜẞE VERLANGEN STILLEN

SUPERFOOD STUDENTENFUTTERMIX

Mit dunkler Schokolade & Cranberrys

Zutaten

65 g Cashewkerne
45 g Walnüsse
40 g Cranberrys, getrocknet
36 g Feigen, getrocknet
27 g Kokoschips
17 g dunkle Schokolade, 100 %

ZUBEREITUNG

Die getrockneten Feigen in Streifen schneiden und die **dunkle Schokolade** grob hacken. Mit allen **anderen Zutaten** in einen luftdichten Behälter geben und mit zur Schule, Uni oder Arbeit nehmen.

Luke Ich habe den Mix zu Hause immer am Start. Das Geniale ist, dass du dir mit einem Joghurt und etwas Obst wirklich schnell ein Frühstück daraus zubereiten kannst. Einfach den Mix in die Tasche geben, kurz beim Bioladen halten, alles zusammenwerfen und fertig. Mach dir keine Sorgen wegen der 100%igen Schokolade, die restlichen Zutaten balancieren das Ganze gut aus. Achte bei den Kokoschips darauf, dass du wirklich die Chips bekommst, nicht die Raspeln – ach ja, und am besten ungeröstet. Pekannüsse passen anstelle der Walnüsse ebenfalls hervorragend, aber so hast du noch mehr Omega-3.

ZITRONEN MANDEL BLISS BALLS

Erfrischend süße Zitronen Mandel Bällchen | ca. 6 Stück

Zutaten

100 g Datteln
70 g Mandeln
½ Zitrone, ca. 30 g netto
25 g Kokosraspeln

ZUBEREITUNG

Zitrone schälen, **Datteln** entsteinen und mit den **Mandeln**, **Kokosraspeln** und einer **Prise Steinsalz** im Zerkleinerer zu einer homogenen, klebrigen Masse mixen.

Aus der Masse 6 Kugeln formen, für 30 Minuten in den Tiefkühler stellen und im Kühlschrank lagern.

Luke Die Bällchen sing unglaublich erfrischend. Zitronen können helfen, das Nicht-Häm-Eisen aus Pflanzen besser zu resorbieren, bzw. das darin enthaltene Vitamin C kann dies tun. Versuch, deine Kokosrapseln in Bio-Qualität zu bekommen, so sind sie eine gute Quelle für mittelkettig gesättigte Fette, wie du sie auch im Kokosmus findest.

DEEP TAHINI CHOCOLATE FUDGE

Dunkel, saftig & schokoladig | ca. 6 Stück

Zutaten

130 g Medjool-Datteln, optional weiche normale Datteln

3 EL Kakaopulver, ca. 55 g

40 g Tahini, Marke: *Pepperwood Organics* oder *Al Arz*

30 g Yaconsirup, optional roher Bio-Honig

15 ml Olivenöl

ZUBEREITUNG

Medjool-Datteln grob hacken und in eine Schüssel geben. **Tahini**, **Kakaopulver**, **Olivenöl**, **Yaconsirup**, eine **Prise Steinsalz** sowie **1 EL Wasser** dazugeben und mit angefeuchteten Händen zu einer homogegen Masse verarbeiten.

Die Schokoladenmasse zwischen 2 Backpapiere legen und mit dem Rücken von einem Glas oder mit einem Nudelholz glatt streichen.

Die Masse für 15 Minuten in den Tiefkühler geben. Herausnehmen, in Riegelform schneiden und vor dem Servieren mit Extrakakao und Tahini-Paste beträufeln. Im Kühlschrank lagern.

Luke Diese Riegel sind unglaublich schokoladig, klebrig und reichhaltig, dennoch sehr gesund! Tahini ist eine tolle Kalziumquelle, insbesondere wenn die Paste aus ungeschälten Sesamsamen hergestellt wird. Ich empfehle das von der Marke *Pepperwoord Organics*, Premium-Quali. Olivenöl, Kakao und Yacon haben allesamt auf unterschiedlichen Ebenen großartige Effekte auf deinen Darm. Einen gesünderen Schoko-Snack wird man wahrscheinlich schwer finden. Wenn du dem Ganzen noch einen draufsetzen willst, umhüllst du die Riegel in sehr dunkler geschmolzener Schokolade und lässt sie danach im Tiefkühler fest werden. Wahnsinnig lecker.

MATCHA OLIVENÖL BAR

Mit Haferkleie & Datteln | ca. 5 Stück

Zutaten

100 g Haferkleie
100 g Datteln, weich*
20 g Mandelmus, weiß, Rohkostqualität
10 ml Olivenöl
¾ TL Matcha, ca. 3 g

* Sind die Datteln noch hart, weich sie gerne für 2 Stunden in kaltem Wasser ein. Alternativ lässt du sie 20 Minuten im heißen Wasser ziehen.

ZUBEREITUNG

Haferkleie mit dem **Olivenöl**, **Datteln** und dem **Matcha** in einem Zerkleinerer für 60 Sekunden gründlich mixen.

Mandelmus hinzufügen und weitere 60 Sekunden mixen.

Aus der Masse kleine viereckige Riegel formen.

Die Riegel für 30 Minuten im Kühlschrank fest werden lassen. Danach im Kühlschrank lagern.

Luke Rohes Olivenöl ist eine exzellente Vitamin-E-Quelle. Vitamin E greift den Biofilm an, welchen schädliche Bakterien zur Vermehrung benötigen. Haferkleie ist reich an Beta-Glucanen, sie regen die Darmtätigkeit an. Hafer enthält davon ca. viermal mehr als Roggen und Weizen.
Nicht zuletzt reduziert Matcha die Entzündungen im Darm und schützt deine Darmschleimhaut vor schädlichen Bakterien. Meinen Matcha findest du hinten in den Bezugsquellen; aufgrund der möglichen Schadstoffbelastung solltest du hier auf die Qualität achten.

100 WERDEN SCHOKOLADE

Cremige Edelbitterschokolade mit Honig. | ca. 8 – 13 kleine Riegel

Zutaten

125 g Kokosmus
40 g Kakaopulver, Rohkostqualität
10 g Olivenöl
7 g Honig

ZUBEREITUNG

Ein Wasserbad aufsetzen und das **Kokosmus** und den **Honig** darin schmelzen lassen. **Rohkakaopulver** vorsichtig unterheben. Zum Schluss das Olivenöl unterrühren.

Die gesamte Schokoladenmasse in Eiswürfelbehälter geben* und für 2 Stunden fest werden lassen. Herausnehmen, mit Kakaopulver bestäuben und im Tiefkühlfach lagern.

* Die Eiswürfelbehälter dürfen nicht direkt aus dem Tiefkühler kommen, ansonsten wird die Schokolade schon beim Einfüllen direkt fest. Optional die Behälter kurz unter warmem Wasser erwärmen.

Luke Ich liebe diese Schokolade, so mache ich sie mir schon seit Ewigkeiten. Kakao hat um die 28 g Ballaststoffe und beinahe genauso viel Eiweiß und strotzt nur so vor Eisen! Zudem ist er reich an Magnesium, wahrscheinlich ein Grund dafür, dass ich in intensiven Trainingsphasen immer so unglaublich Lust auf Kakao habe. Lass dir beim Schmelzen ruhig Zeit, du erschaffst hier gerade etwas ganz Besonderes.

OMEGA-3 SNICKERS RIEGEL

Mit Salty-Peanut-Karamell-Füllung | ca. 6 große Riegel

Base

150 g Walnüsse
95 g Datteln, weich*

Füllung und Topping

110 g Erdnussmus
75 g dunkle Schokolade, 100 %
10 ml Yacon, optional roher Bio-Honig

* Sind die Datteln noch hart, weich sie gerne für 2 Stunden in kaltem Wasser ein. Alternativ lässt du sie 20 Minuten im heißen Wasser ziehen.

ZUBEREITUNG

Walnüsse, **Datteln** und **Steinsalz** im Zerkleinerer für 60 Sekunden gründlich mixen.

Eine Backform nehmen und mit Backpapier auslegen. Die Masse in die Backform geben, dann fest und gleichmäßig andrücken.

Das **Erdnussmus** gleichmäßig auf der Walnuss-Dattel-Basis verteilen.

Yaconsirup darüber träufeln und **¼ TL Steinsalz** darüber streuen.

Die Masse für mindestens 15 Minuten in den Tiefkühler stellen.

Währenddessen die **dunkle Schokolade** in einem Wasserbad schmelzen.

Die Schokolade behutsam über die Masse träufeln, dann für 15 Minuten in den Tiefkühler stellen, sodass die Schokolade hart werden kann. Herausnehmen, in Riegel schneiden und für weitere 60 Minuten in den Tiefkühler stellen.

Die Snickers-Riegel im Kühlschrank lagern.

Luke Diese Riegel schmecken unglaublich lecker. Probiere das Rezept unbedingt aus. Am liebsten esse ich sie zu richtig saftigen, frischen Feigen der Saison. Omega-3-Fettsäuren haben gezeigt, die Anzahl an Bacteroidetes-Bakterien zu erhöhen. Diese produzieren Buttersäure, wichtig für die Versorgung deiner Darmzellen!

KLEBRIGE LEINSAMEN ERDNUSS HAFER BÄLLCHEN

Schneller Snack für die Arbeit | ca. 13 große Bällchen

Zutaten

135 g Erdnussmus
80 g Haferflocken
55 g Yaconsirup, optional 45 g roher Bio-Honig
50 g Leinsamen
50 g Kokosraspeln
30 g dunkle Schokolade, mind. 85 %
¼ TL Zimt, Ceylon

ZUBEREITUNG

Leinsamen im Mixer zu grobem Mehl mahlen. **Dunkle Schokolade** in kleine Stücke hacken. Alle Zutaten mit Ausnahme vom Erdnussmus und Yaconsirup mit einer **Prise Steinsalz** in einer Schale gründlich vermengen. **Erdnussmus** und **Yacon** einfließen lassen und mit einem Löffel zu einer homogenen, klebrigen Masse rühren.

Die Hände leicht befeuchten und aus der Masse 12 – 13 große Bällchen rollen.

Die Bällchen für 15 Minuten in den Kühlschrank stellen und genießen. Im Kühlschrank lagern.

Luke Was die Ballaststoffe angeht, ist dieser Snack eine richtige Packung! Insgesamt 35 g Ballaststoffe hast du hier am Start. Dabei hast du die tollen Beta-Glucane aus dem Hafer, welche die Darmtätigkeit anregen. Aber auch die löslichen Ballaststoffe aus den Leinsamen und das Inulin aus dem Yaconsirup, welche beide deine Darmbakterien füttern.
Mach dir hier ruhig am Wochenende eine größere Portion und nimm sie mit zur Schule, Uni oder Arbeit. Ich tausche auch gerne das Erdnussmus gegen Walnussmus, dann habe ich ein noch besseres Omega-3-zu-Omega-6-Verhältnis.

HEILENDE GETRÄNKE

DIE GESÜNDESTE MILCH DER WELT

Mit Hanfsamen & Datteln | ca. 1 Liter

Zutaten

800 ml Wasser
130 g Hanfsamen
47 g Datteln, ca. 4 Stück
¾ TL Zimt, Ceylon

ZUBEREITUNG

Datteln entsteinen und **mit allen anderen Zutaten** und einer guten Prise Steinsalz im Mixer für 3 – 4 Minuten cremig pürieren. Im Kühlschrank lagern und innerhalb weniger Tage verbrauchen.

Luke Die Milch ist eine Packung, nicht zu vergleichen mit den Varianten aus dem Supermarkt. Bestehend aus ganzen Lebensmitteln, reich an Omega-3, Zink und Protein. Zusätzlich liefert der Zimt reichlich Zellschutz durch einen hohen ORAC-Wert. Du wirst merken, dass sich die Milch recht unschön absetzt. So ist das leider, wenn man ohne Emulgatoren arbeitet, das macht aber nichts. Schüttele sie vor dem Verzehr einfach gut durch und dann ab ins Porridge. Du kannst sie auch als Basis für einen Proteinshake nehmen. Zum Kaffee oder Tee passt sie jedoch eher nicht, würde ich sagen. Dann lieber *black*.

THE GOOD GUT GIRL

Mit Birne & Spinat | 2 Smoothies

Zutaten

125 g Babyspinat
170 ml Sojamilch, ungesüßt
60 g Eiswürfel
2 Birnen, ca. 250 g
1 Zitrone, ca. 110 g
1 EL Leinöl

ZUBEREITUNG

Babyspinat waschen und trocken schleudern. **Birnen** entkernen und die **Zitrone** schälen. Zunächst **Sojamilch**, **Zitrone**, **Leinöl**, **Birnen** und die **Eiswürfel** in den Behälter geben. Zum Schluss Babyspinat hineingeben und cremig pürieren. Sofort genießen.

Luke Wusstest du, dass du für jedes Obst und Gemüse verschiedene Bakterien im Darm hast? Die einen verdauen Spinat, die anderen die Birnen und wieder andere den Blumenkohl. Deshalb ist dieser Smoothie so großartig: eine große Gemüse- und Obstvielfalt, plus wertvolle Omega-3-Fettsäuren aus dem Leinöl, um den Gehalt des Antikörpers Immunglobulin A zu erhöhen. Immunglobulin A sorgt dafür, dass unerwünschte Eindringlinge dem Darm fernbleiben, und wirkt sich positiv auf die Zusammensetzung deines Mikrobioms aus. Die, wie ich finde, beste Sojamilch bekommst du bei *Denns* von der Marke *Hofgut Storzeln*.

THE GOOD GUT GUY

Mit Kakao & Datteln | 1 großer Smoothie

Zutaten

180 g Blaubeeren
30 g Datteln
19 g Kakaopulver
120 ml Wasser
40 g Eiswürfel

ZUBEREITUNG

Datteln entsteinen und mit **120 ml Wasser** und **allen anderen Zutaten** im Mixer glatt pürieren. Sofort servieren.

Luke Erinnerst du dich an die Polyphenol-Tabelle aus meinem ersten Buch „100 werden"? Erstaunlicherweise haben Polyphenole auf deine Darmbakterien eine ähnliche Auswirkung wie Präbiotika aus z. B. Hafer oder Leinsamen. Die Bakterien in deinem Dickdarm machen sich über Polyphenole her, so wachsen sie! Kakao und Beeren gehören zu den polyphenolreichsten Pflanzen, die unser Planet zu bieten hat. Ein wahres Fest für deine Darmbakterien! Wenn du kannst, kaufe deinen Kakao in ungerösteter Form, also roh, achte ansonsten gerne auf Bio-Qualität.

MATCHA MANDEL LATTE

Cremiger, wärmender Matcha | 1 Tasse

Zutaten

250 ml Wasser
30 g weißes Mandelmus
10 g roher Bio-Honig
1 TL Matcha
1 Messerspitze Zimt, Ceylon
Prise Steinsalz

ZUBEREITUNG

Alle Zutaten für 30 Sekunden im Mixer vermengen. Langsam in einen Topf gießen und bei niedriger bis mittlerer Stufe für 4 – 6 Minuten erwärmen. Den Latte in eine Tasse geben, mit weiterem Matcha bestreuen und warm servieren.

Luke Dieser Matcha ist unglaublich cremig, wärmend und lecker! Die Matcha-Lattes in Cafés sind mir oft zu wässrig, dieser ist richtig schön vollmundig.
Matcha erinnert mich immer wieder an meine Japanzeit und die traditionellen Teezeremonien mit Marie in Kyoto. Es schmeckt übrigens auch toll, wenn du die Matcha-Olivenöl-Riegel von Seite 225 in den Latte dippst. *Love it.*

MR. GREEN PEKTIN

Apfel-Cashew-Zimt-Smoothie mit Kopfsalat | 1 großer Smoothie

Zutaten

1 großer Apfel, ca. 200 g
130 g Kopfsalat, optional Spinat
80 ml Wasser
40 g Eiswürfel
38 g Cashewmus, optional Mandelmus
¼ TL Zimt, Ceylon

ZUBEREITUNG

Kopfsalat gründlich waschen, trocken schleudern und in den Mixer geben. **Apfel** in kleine Würfel schneiden und mit **Cashewmus**, **Zimt**, **Wasser** und einer **Prise Steinsalz** ebenfalls in den Mixer geben. Den Smoothie für 30 – 40 Sekunden glatt pürieren. **Eiswürfel** dazugeben, weitere 20 Sekunden mixen und sofort genießen.

Luke Äpfel sind reich an Pektin. Pektin ist ein Wundermittel für den Darm. Der lösliche Ballaststoff dient deinen Darmbakterien als Nahrung, steigert das Sättigungsgefühl und vermindert das Durchfallrisiko. Zusammen mit den Beta-Glucanen aus dem Hafer und den Schleimstoffen aus Leinsamen eine meiner absoluten Lieblingsballaststoffquellen!
Wenn du es lieber süß magst, gib noch eine Banane oder ein wenig Honig dazu. Ich trinke diesen Shake gerne mittags, falls ich Hunger bekomme und wenig Zeit habe. Umso kühler das Ding ist, umso besser bzw. leckerer.

8 REGELN FÜR EINEN GESUNDEN DARM

Den Biofilm lösen

Die meisten schlechten Bakterien hängen gemeinsam ab, so formen sie sich zu einem Biofilm, der zu den gängigen Verdauungsbeschwerden führen kann. Dieser Biofilm kann auch außerhalb von deinem Darm für immer wiederkehrende Infektionen sorgen, ohne dass man jemals die Ursache dafür herausgefunden hat. Die beste Möglichkeit, diesen Biofilm zu beseitigen, ist, ein paar Wunder aus der Natur zu dir zu nehmen. Wie immer stehen Kreuzblütler und Zwiebelgewächse weit oben auf der Liste. Brokkoli, Rotkohl, Rosenkohl, Grünkohl, Knoblauch und Zwiebeln können präventiv und auch therapeutisch gute Dienste leisten. Zudem solltest du dein Essen reichlich mit Oregano, Kurkuma, Zimt und Ingwer würzen. Auch Cranberrys sind super. Merkst du, wie ein Lebensmittel wie die Cranberry auf gleich mehreren Ebenen gut für den Darm ist? Wenn du es einmal raushast, ist das Thema Darmgesundheit ein Klacks für dich.

Die GUTe Morgenroutine

Dein Stuhlgang ist ein Weg, Toxine aus deinem Körper zu entfernen. Alles, was der Gesundheit schadet, muss raus. Deshalb ist ein regelmäßiger und reibungsloser Stuhlgang auch so wichtig. Wenn du die morgendliche Entleerung etwas beschleunigen möchtest, muss es nicht immer der Kaffee sein. 250 ml warmes Wasser mit 2 bis 3 EL Zitronensaft und etwas Olivenöl ist eine sanfte und natürliche Methode, die Darmbeweglichkeit am Morgen in Gang zu setzen. Du solltest das Glas nicht exen, 3 bis 5 Minuten Zeit darfst du dir gerne lassen.

Jump!

Ich springe fast vor jeder Session Seil; und das schon seit Jahren. Seilspringen ist, wie ich finde, ein hervorragender Sport. Meist springe ich in 200er Sets mit Sprungvariationen und Tempovariationen. Trampolinspringen ist auch eine super Alternative. Aber wieso das Ganze? Springen regt dein Lymphsystem an, welches dafür verantwortlich ist, Toxine aus deinem gesamten Körper zu befördern. Dein Lymphsystem ist nicht wie das Herzkreislaufsystem abhängig vom Blutfluss des Herzens. Es wird nur durch Bewegung angeregt zu fließen. Ist dein Lymphsystem

Vollkorn Bäckerei Hartwich
selbst-gemachter Eistee
Nuss ecke
ZIMT PISTAZIEN NUSS
VOLLKORN BROTE
mandel-hörnchen
slush
kaffees
CROISSANTS
FRISCH BELEGTE BRÖTCHEN
ICED
MATCHA CHAI
Manchmal hilft ein TÖRTCHEN mehr als tausend WÖRTCHEN
VOLLKORN BÄCKEREI HARTWICH
BIO VOLLKORN BÄCKEREI
Hartwich
Kuchen
Mandel-hörnchen
Croissant
BROT
Dinkel-Brezel
frisch belegte Brötchen
Nuss-ecken
Zimt-schneke

WAS IST MIT GLUTEN?

Schwieriges Thema. Leider.

Die klare Botschaft vorab: Es gibt einen Unterschied zwischen Zöliakie und Glutenunverträglichkeit. Zöliakie ist eine Autoimmunkrankheit, bei der Betroffene auf die Proteine Glutenin oder Gliadin, welche Gluten ausmachen, mit Beschwerden reagieren. Meist äußern sich diese Beschwerden in Form von Entzündungen der Darmschleimhaut, was sich durch Blähungen, Bauchschmerzen, Verstopfungen oder chronische Erschöpfung und Müdigkeit bemerkbar machen kann. Wenn du von einer Zöliakie betroffen bist, solltest du glutenhaltiges Getreide strikt meiden, aber ich denke, das weißt du sicher selbst.

Was aber, wenn du nicht an einer Zöliakie leidest, aber Gluten anscheinend nicht optimal verträgst.

Hier wird's etwas kniffliger. Das Problem liegt wie immer nicht unbedingt im Weizen, Roggen oder Dinkel, sondern darin, was wir Menschen daraus gemacht haben.

Der Weizen, wie wir ihn heute kennen, ist vor allem darauf gezüchtet, uns satt zu machen und hohe Erträge zu erwirtschaften. Insbesondere der Weizen aus den USA ist vollgepumpt mit Glyphosat, einem der fragwürdigsten Pestizide der heutigen Zeit, sodass es schwer zu beurteilen ist, ob jemand eine Gluten-, Weizen- oder vielleicht sogar Glyphosatunverträglichkeit hat.

Mittlerweile gibt es wieder viele Urgetreide wie Emmer, Dinkel oder Einkorn auf dem Markt. Diese liefern in der Regel etwas mehr Nährstoffe, stellen jedoch keine glutenfreie Alternative für dich dar, falls du auf Gluten sensitiv reagierst.

Das größte Problem liegt aber sicher darin, dass die meisten erst gar nicht wissen, ob sie Gluten vertragen oder nicht, denn die Dunkelziffer ist enorm hoch. Lass uns das kurz verstehen. Es geht bei der ganzen Thematik im Wesentlichen um das Gliadin – ein Bestandteil vom Gluten, wie wir weiter oben gelernt haben.

DPP 4, ein steuerndes Hormon, wird von Gliadin blockiert. DPP 4 wiederum steuert die Substanz P, welches für die Schmerzneuronen unerlässlich ist.[140] Damals stand das P übrigens für *power*, heute steht es für *pain* (für engl. Schmerz).

Das bedeutet, dass Gluten, bzw. das Gliadin im Gluten, die Schmerzrezeptoren unterdrückt und wir somit gar nicht merken, ob wir das Weißbrot mit Käse jetzt vertragen oder nicht.

Die Dunkelziffer an Menschen, denen Gluten nicht guttut, ist also vermutlich viel höher als gedacht.

Was ist die Lösung?

Zunächst einmal Sauerteigbrot. Sauerteigbrot wird anders als herkömmliches Hefebrot durch Bakterien fermentiert. Durch die Fermentation wird das Brot nicht nur bekömmlicher,[141] sondern auch der Glutengehalt verringert sich deutlich.[142]

Falls du in NRW wohnst, kann ich dir die Bäckereien *Hutzel* oder *Back Bord* sehr empfehlen, die haben viele gute Vollkornsauerteigbrote. Auch für die Rezepte hier im Buch nutzen wir ausschließlich Vollkornsauerteigbrote.

Zusätzlich kannst du dein Brot bzw. die Saaten keimen lassen. Keimen ist eine weitere Möglichkeit, sowohl den Glutenanteil als auch den Anteil an Antinährstoffen in einem Getreide oder einer Hülsenfrucht zu reduzieren.[143] Ich mache mir meine Vollkornwraps deshalb immer mit einem Mehl aus gekeimtem Dinkelurweizen von der Marke *AHO.BIO*. Wir essen so alle 1 bis 2 Wochen mal Wraps; und solch ein Mehl ist eine erstklassige Alternative zu herkömmlichem Vollkornmehl.

Was Pasta angeht, nutzen wir die Spaghetti und Penne der Marke *Terre Tradizioni* aus Italien.

Nicht nur hat die Pasta einen recht niedrigen Gluten-Index, sondern liefert zudem mit 10 g Ballaststoffen mehr als doppelt so viele Pflanzenfasern wie herkömmliche Vollkornweizenpasta. Leider ist Pasta in der Vollkornvariante in Deutschland recht schwierig zu bekommen, deshalb haben wir uns das letzte Mal in Italien einen großen Vorrat für die nächsten Monate mitgenommen.

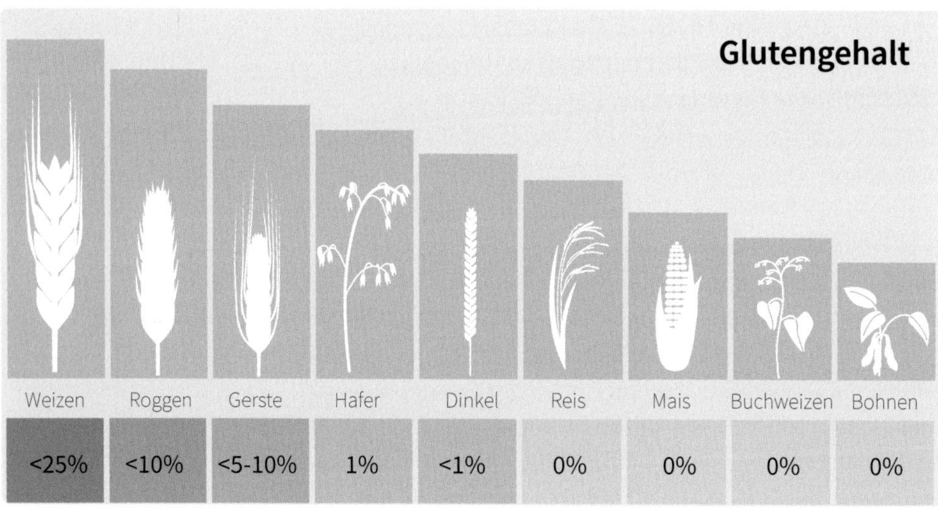

Fazit

Wie du Gluten handhabst, ist letztlich deine individuelle Entscheidung. Ich für mich meide Gluten im Alltag. Auf Reisen bin ich da etwas lockerer, da ich auch einfach gerne die Gerichte anderer Kulturen und Nationen probiere. Zu Hause bedienen Vicky und ich uns jedoch fast ausschließlich an unserem gekeimten Urdinkelmehl und der Timilia-Weizenpasta. Alternativ backen wir mit alten Sorten wie Rotkorn oder Einkorn, aber auch das kommt recht selten vor.

In Plettenberg Bay (Südafrika) gibt es auf dem Mittwochsmarkt immer Zimtschnecken aus Sauerteig. Das ist schon himmlisch, wenn ich jetzt daran denke. Na ja, wie dem auch sei, Ausnahmen gehören dazu, oder? 😉

FRAGEN UND ANTWORTEN

Ist Bio ein Muss?

Wenn du kannst, gerne immer bio und regional. Lebensmittel, die in deiner Umgebung wachsen, sind nicht nur, was die Mikroorganismen angeht, ähnlicher zu deinen Mikroorganismen Lebensmittel von weiter weg. Sie liefern in der Regel auch mehr Nährstoffe. Eine Banane oder Avocado aus Übersee wird dort in der Regel unreif gepflückt und (künstlich) nachgereift. Dabei ist der vollständige Reifeprozess am Baum wichtig, damit das Lebensmittel auch sein volles Nährstoffpotential entfalten kann.

Zudem wachsen Bio-Lebensmittel auf gesünderen Böden, womit sie automatisch nährstoffreicher sind als jene, die auf ausgelaugten Böden wachsen. Ich kaufe fast nur noch Bio, mir ist aber auch klar, dass das leider eine Frage des Geldbeutels ist.

Wie ernähre ich mich, wenn ich auf Reisen bin?

Für Reisen habe ich von *purazell* immer „Purameal"-Schoko am Start. Purameal ist ein Mix aus gekeimten und gemahlenen Saaten (Leinsamen, Buchweizen, Hirse und Quinoa) mit Datteln und Kakao. Ich mixe mir das morgens immer mit lokalem Obst, ein paar Nüssen, und was ich sonst noch so finden kann, ins Müsli. Purameal enthält mehr Omega-3- als Omega-6-Fettsäuren, 13 g Ballaststoffe und 12 g gut verwertbares Protein – für mich ist das super. Wenn ich durch Deutschland reise, trinke ich *Lauretena-*, *Black Forst-* oder *PLOSE*-Wasser. Mein Omega-3 habe ich immer in Kapseln dabei, mein Vitamin D lasse ich hingegen meistens zu Hause. Ich schaue immer, welches Obst gerade in der Gegend verfügbar ist, und starte damit meistens in den Tag. Falls ich essen gehe, dann gerne israelisch, dort bekomme ich Hummus, frische Salate oder gebackenen Blumenkohl in Tahini. Das Brot lasse ich meistens weg. Asiatisch ist auch immer eine gute Wahl, gerade vietnamesische Suppen mag ich gerne. Klar, Reisnudeln sind auch nicht das Optimum, aber wenigstens ist viel Gemüse dabei.

Purameal findest du ebenfalls in den Bezugsquellen.

Obst mit Schale oder ohne?

Bio. Und dann immer mit. Die Schale von Früchten ist hochkonzentriert mit Nährstoffen beladen, genau wie die Kerne. Ich esse Obst so gut wie nie ungeschält, achte aber auch immer auf Bio-Qualität.

Kernloses Obst darfst du gerne liegen lassen, jedes Obst sollte Kerne beinhalten, das ist natürlich und gesund. Alles andere ist meist gezüchtet.

Wenn ich nicht an Bio-Obst komme, dann nehme ich meistens das Obst mit einer dicken Schale wie Avocados, Bananen, Melonen oder Orangen. Trauben, Beeren und Äpfel esse ich ausschließlich in Bio-Qualität.

Wie viele Ballaststoffe sollte ich pro Tag essen?

Theoretisch gibt es kein Limit. Die Empfehlungen liegen bei ca. 30 g Ballaststoffen. Ich esse um die 60 bis 70 g. Wichtig ist jedoch, die Menge an Ballaststoffen langsam zu steigern, ansonsten kann das zu Bauchschmerzen und Verdauungsbeschwerden führen. Nur die wenigsten tracken ihr Essen so genau, dass Empfehlungen wie „Erhöhe pro Monat um 5 Gramm" hilfreich wären. Deshalb meine Empfehlung: Probiere jeden Tag, die Menge an Leinsamen, Haferkleie, dunkler Schokolade und Hülsenfrüchten etwas zu erhöhen, dann wirst du automatisch auf einen richtig guten Wert kommen. Ob du nun 40, 50 oder 70 g Ballaststoffe zu dir nimmst, spielt keine Rolle. Hauptsache, du isst regelmäßig die im Buch genannten Quellen, dann machst du schon verdammt viel richtig.

Ich muss ständig pupsen, wenn ich Hülsenfrüchte esse.

Das ist normal. Wahrscheinlich ist dein Verdauungstrakt noch nicht an diese Art von Lebensmittel gewöhnt. Es kann Monate dauern, bis sich dein Darm anpasst. Als ich meine Ernährung damals umgestellt habe, hatte ich monatelang Verdauungsbeschwerden. Nach einer Zeit hat sich mein Darm daran gewöhnt. Heute kann ich problemlos große Mengen Hülsenfrüchte essen und alles flutscht *smooth*, wie es soll.

Hülsenfrüchte einzuweichen, ist jedoch immer ratsam. Linsen kannst du ganz einfach über Nacht einweichen lassen. Dasselbe kannst du auch mit getrockneten Kichererbsen und Kidneybohnen machen. Es ist sowieso günstiger, wenn du die Dinger nicht vorgekocht kaufst, aber natürlich praktischer. Zudem sparst du dir etwas Geld und kannst den Salzgehalt kontrollieren. Lies hierzu gerne mal im Kapitel ab Seite 103, dort erkläre ich das Ganze etwas genauer.

Ich muss ständig pupsen, wenn ich sehr ballaststoffreich esse.

Auch das kann normal sein. Vielleicht sind deine Darmbakterien mit der Menge an Ballaststoffen einfach noch überfordert. Auch hier darfst du dich gerne langsam steigern. Wir Menschen sind dafür gemacht, sehr ballaststoffreich zu essen. Du musst es dir einfach nur wieder antrainieren. Bleib dran.

Wie oft isst du?

Ich esse zwei- bis dreimal pro Tag. Meistens nur zweimal. Ich denke aber, ich werde bald wieder damit beginnen, vor dem Frühstück eine große Portion Obst, Gemüse und etwas Grünpulver in Wasser verrührt zu trinken. Dann habe ich direkt morgens eine große Menge an Mikronährstoffen. Dazu nehme ich dann meine Öle (Leinöl, Algenöl und manchmal Schwarzkümmelöl). Da ich danach wieder recht schnell Hunger bekomme, werde ich ca. 1 bis 2 Stunden danach frühstücken.

Hast du noch Verdauungsprobleme, Luke?

So gut wie gar nicht mehr. Probleme bekomme ich, wenn überhaupt, nur noch, wenn ich draußen etwas esse, das in viel Fett gebraten wurde und sehr salzig ist. Ich genieße das Essen dann trotzdem, merke aber, dass es mir nicht guttut.
Zu Hause habe ich jedoch fast nie Beschwerden. Ich denke, das liegt auch daran, dass ich die Lebensmittel selbst sorgsam auswähle und zubereite. Eigentlich beginnt mein Essen schon beim Einkaufen, indem ich mir Gedanken darüber mache, was gut miteinander harmoniert und was nicht.

Auch das Berühren und Verarbeiten der Nahrungsmittel mit Hingabe und ohne Stress führt dazu, dass ich mein Essen viel angenehmer verwerte. Klingt ein bisschen esoterisch, ich weiß.

Wie oft pupsen ist normal?

Es gibt keine genaue Zahl, an die ich mich halten würde, auch wenn im Internet Zahlen zwischen 5 und 35 Malen kursieren. Ab und zu Luft rauslassen, ist völlig okay, wir sollten froh über diese „Funktion" sein. Wenn du nach dem Essen aber immer wieder pupsen musst und es unangenehm riecht, dann stimmt was nicht. Noch schlimmer als zu pupsen, ist jedoch, nicht zu pupsen, denn dann sammelt sich die ganze Luft im Magen und du bekommst Schmerzen. Mir ist natürlich klar, dass man im Seminarraum oder Bus nicht alles vollstinken will, aber wenn du kannst, probiere, dich für ein paar Minuten zurückzuziehen und die Luft abzulassen. Dein Bauch wird es dir danken.

Ernährst du dich von den Rezepten im Buch?

Ja. Schon seit Jahren. So, wie ich in meinen Büchern koche, so esse ich auch. Deshalb fiel es mir auch relativ leicht, die Rezepte zu entwickeln, weil ich dir hier das präsentiere, was ich schon seit Jahren lebe.

Welches Rezept würdest du besonders empfehlen?

Die Deep Tahini Chocolate Bars (Seite 223) sind schon nicht von dieser Welt, genau wie die Sticky Tempeh Ribs (Seite 215).

Als Abendessen liebe ich das cremige Süßkartoffel-Curry (Seite 197) und die Vollkornpasta in würziger Pilz-Soße (Seite 171). Zum Frühstück ist das würzige Tempeh-Avocado-Carpaccio (Seite 129) schon richtig lecker, gerade wenn du wie ich eher der süße Typ bist, ist das eine tolle Abwechselung.

Auch die butterweichen Möhren in Haselnuss-Knoblauch-Soße sind einfach richtig geil (Seite 179).

Welches Fastfood empfiehlst du für unterwegs?

Hummus ist super. Wenn du das Brot weglässt und stattdessen einen Salat nimmst, hast du einen echt guten Fang gemacht. Falafel als Salat mit Sesamsoße und Olivenöl ist ebenfalls eine gute Wahl.

Wenn du eine Pizza isst, bestell dir immer eine mit extraviel Gemüse, Knoblauch, Oregano, Basilikum und Olivenöl. Gerade beim Basilikum darfst du gerne zweimal nachhaken. Die drei Blätter, die die Jungs da immer drauf werfen, sind wirklich lächerlich. Ich habe mir auch schon mal eine Pizza to go bestellt und mir vorher im *REWE* nebenan einen Basilikum-Topf gekauft. So hatte ich eine Pizza voll mit gesundem Gemüse, Olivenöl und Basilikum. Pizza ist nicht immer gleich Pizza.

Ansonsten ist Studentenfutter super. Gerne kaufe ich mir auch einen Sojajoghurt, Blaubeeren, Walnüsse und eine sehr dunkle Bioschokolade. Vom Joghurt löffle ich ein Drittel pur einfach so und mische dann die restlichen Zutaten drunter.

Was ist, wenn ich mal Alkohol trinken möchte?

Rotwein ist sicher die beste Alternative, gefolgt von Weißwein, hartem Alkohol und das Schlusslicht bildet Bier. Nur um das klarzustellen, Alkohol bringt keinerlei gesundheitliche Vorteile für dich und deine Darmgesundheit mit sich. Sogar ganz im Gegenteil. Oft wird behauptet, Rotwein sei wegen des Resveratrols gesundheitsfördernd. Die Wahrheit ist (leider), dass du so unglaublich viel Rotwein trinken müsstest, um die positiven Effekte vom Resveratrol spüren zu können, dass die negativen Effekte des Alkohols diese bei Weitem übertreffen würden. 1 bis 4 Gläser Rotwein (je 180 ml) pro Woche konnten ein paar positive Wirkungen zeigen. Wie immer macht aber die Dosis das Gift.

Ich habe einen Leaky Gut, welche Nahrungsmittel sollte ich meiden?

Allen voran herkömmliche Weizenprodukte wie Mehl, Brot, Brötchen, Couscous, Bulgur und Pasta. Auch unfermentierte Milchprodukte wie Milch, Sahne, Eis, verarbeitetes Fleisch wie Wurst, Salami, Bacon und alles Hochverarbeitete aus dem Supermarkt darfst du streichen. Natürlich auch jeglichen Knabberkram,

Junkfood, Süßigkeiten und zunächst auch Gluten. Iss gerne mehr Wurzelgemüse wie Süßkartoffeln, Kartoffeln, Topinambur; Fisch; heimisches saures Obst; (fermentiertes) Gemüse; Nüsse; Samen und Kokos. Auch Reis, Braunhirse, Amaranth und Quinoa sind förderlich. Hochwertige Öle wie Olivenöl oder Leinöl sind ebenfalls kein Problem.

Wie sinnvoll ist eine Darmreinigung?

Es ist empfehlenswert, den Körper ein- bis zweimal im Jahr durch eine Fastenkur in einen Fastenzustand zu bringen, sodass er die nötige Zeit hat, sich von dem ganzen Ballast zu befreien.

Für viele ist das aber neben Uni, Arbeit, Schule und Kind nicht möglich. Der Darm und die Leber reinigen sich jedoch bei einer Ernährung, die auf Ballaststoffen, Omega-3-Fetten, Bitterstoffen und Polyphenolen basiert, täglich sowieso von selbst. Anstatt also ein- bis zweimal im Jahr gründlich aufzuräumen, kannst du auch einfach täglich etwas für deinen Darm tun. Fasten kann zusätzlich sinnvoll sein, ist dann aber kein Muss. Alternativ kannst du auch einmal die Woche für 24 Stunden fasten; das ist ebenfalls super.

Ich merke immer wieder, dass ich nur das Bedürfnis nach einer Fastenkur habe, wenn ich mich eine Zeit lang im Ausland nicht gut ernährt habe. Wenn ich mich jedoch im Alltag an die Empfehlungen aus diesem Buch halte, spüre ich, dass mein Darm solch eine Detox-Kur aktuell nicht nötig hat.

Brauche ich Probiotika?

Nach einer Antibiotikakur können Probiotika sinnvoll sein, um dein Mikrobiom wieder ins Gleichgewicht zu bringen. Auch als Kur ist eine Probiotika-Einnahme sinnvoll. Als dauerhafte Lösung halte ich das aber nicht für notwendig. Wenn du dich täglich an fermentierten Lebensmitteln bedienst und diese mit löslichen Ballastoffen fütterst, dann gedeihen deine guten Darmbakterien von ganz alleine.

Wie sollte ich mich nach einer Antibiotikakur ernähren?

Antibiotika sind Mist, manchmal aber leider notwendig und hilfreich! Nach einer Antibiotikakur ist es wie bereits oben erwähnt sinnvoll, eine Probiotikakur zu machen. Ich empfehle dir das Probiotikum „Purabiotik Darm Balance" von *purazell* zum Start. Das habe ich auch genommen. Ich würde hier eine Dose nehmen; das reicht. Mehr brauchst du nicht. Die Bakterienstämme eines Probiotikum-Supplements sollten immer aufeinander abgestimmt sein, sodass sie sich ergänzen und nicht behindern. Zusätzlich hältst du dich langfristig an die Tipps aus diesem Buch, dann bist du wieder auf einem richtig guten Weg zu einer stabilen Darmgesundheit.

DU BRAUCHST DIE ARBEIT NUR EINMAL AUFZUBRINGEN

Je nachdem, auf welchem Stand du dich gerade darmtechnisch befindest, kann dir das alles etwas überfordernd vorkommen. Aber glaub mir, die Arbeit lohnt sich! Ich sage immer: Der Grund, wieso ich mir die letzten 9 Jahre so intensiv Gedanken über meine Ernährung gemacht habe, ist, dass ich mir die nächsten 80 Jahre nie wieder Gedanken darum machen muss. Wenn du einmal für dich herausgefunden hast, was funktioniert, und die Blutbilder das Ganze bestätigen, hast du das allergrößte Los gezogen. Herzlichen Glückwunsch! Du hast einen Weg gefunden, gesund zu sein und dies auch hoffentlich zu bleiben. Die meisten Menschen gehen, was das Thema Gesundheit betrifft, planlos durchs Leben und hoffen irgendwie durchzukommen. Daraus resultieren dann Sätze wie: „Ja, sie hat Krankheit XY, aber sie ist auch schon sehr alt." Natürlich können wir nicht alles lenken und kontrollieren, aber Gesundheit ist zum großen Teil eine Lifestyle-Entscheidung und du kannst diese Entscheidung treffen. Jetzt, heute, jeden Tag aufs Neue. Du und dein Darm, ihr seid gesund auf diese Welt gekommen. Wenn du also aktuell Probleme hast, dann liegt das nicht in der Natur des Menschen, sondern es ist etwas, für das du und dein Lebensstil zu einem großen Teil verantwortlich sind. Umgekehrt heißt das, dass du und dein Lebensstil auch dafür verantwortlich seid, den gesunden Istzustand herzustellen. Ich weiß, dass du die Kraft und die Geduld hast, eine Ernährung zu finden, die für dich passt und dir unendlich viel Vitalität gibt, wenn du sie nicht schon gefunden hast. Dieses Buch habe ich geschrieben, um dir die Arbeit zu erleichtern.

ZU ZWEIT IST IMMER BESSER!

Den Jackpot hast du gezogen, wenn du das Thema Darmgesundheit gemeinsam mit der Person angehst, mit der du zusammenlebst. Oder mit Freunden, der Familie oder Verwandten.

Jedes Mal, wenn Vicky morgens aufsteht, sich fertigmacht und zum Sport fährt, motiviert sie mich damit, dasselbe zu tun, und andersrum. Es macht Spaß, sich gemeinsam gesund zu ernähren, auf Märkten das Obst und Gemüse zu kaufen, das einen anspricht, und das Essen abends gemeinsam zu genießen. Auch wenn du wie ich eher ein Einzelgänger bist, wird es deine Reise spaßiger und leichter machen, wenn du deine Erfahrungen und deinen Weg mit jemandem teilen kannst.

Es ist wertvoll, darüber zu sprechen, was einem guttut, was einem nicht bekommen ist und was die Fortschritte sind. Auch wenn du aktuell unter heftigen Darmproblemen leidest, kann es hilfreich sein, mit Menschen darüber zu reden, die das gleiche Leid tragen. Aber nicht, um sich runterzuziehen und sich der Situation hilflos auszusetzen, sondern um sich zu motivieren und zu pushen!

Ich wünsche mir für dich, dass du jemandem findest (oder bereits gefunden hast), mit dem du das Hobby Gesundheit teilen und gemeinsam leben kannst.

LEBEN WIE LUKE JAQUE-RODNEY

LWL-Regel

Eine meiner wichtigsten Routinen seit Jahren ist die LWL-Regel.

Licht

Wasser

Luft

Diese Regel hilft mir unglaublich dabei, morgens schnell wach und energiegeladen zu sein. Ich weiß, das klingt jetzt nach so einer typischen Phrase. Die Hintergründe hinter der Regel sind dabei jedoch recht leicht nachvollziehbar, denke ich. Damit der Körper „wach" wird, braucht er Reize. Genau diese Reize gebe ich ihm durch die LWL-Regel. Indem ich direkt ins Licht schaue, signalisiere ich meinem Körper, dass Tag ist. Dadurch beeinflusse ich den circadianen Rhythmus und rege die Bildung der nötigen Hormone an. Unser Körper richtet sich beinahe ausschließlich nach dem Licht. So sind wir es noch von damals gewohnt, als unser einziger Marker für Zeit die Sonne und der Mond waren.

Deshalb ist es so wichtig, so früh wie möglich in die Sonne zu kommen und abends Licht zu meiden. Natürlich ist gerade in Deutschland nicht immer Sonne am Start, eher im Gegenteil. Das Ganze kannst du umgehen, indem du die Sonne imitierst und dir eine Tageslichtlampe zulegst. Letzten Winter habe ich das ebenfalls getan, wovon ich im Nachhinein jedoch eher irritiert war, als davon zu profitieren. Probiere es einfach mal für dich aus, 10.000 Lux sollte solch eine Lampe jedoch schon haben.

Der zweite Punkt – Wasser – ist einfach. Nichts kurbelt am Morgen so sehr meine Verdauung an wie gutes, ungesättigtes Wasser. Wir filtern unser Wasser; dazu habe ich in meinem ersten Buch ein kurzes Kapitel geschrieben.

Ich trinke innerhalb der ersten 20 bis 30 Minuten nach dem Aufstehen 500 bis 700 ml Wasser. Ich weiß, das klingt nach viel, ist aber großartig! Wenn dir Wasser pur zu langweilig schmeckt, mach dir am Abend ruhig eine Karaffe fertig und leg ein wenig Ingwer und Gurkenstücke rein. Das wertet das Wasser geschmacklich auf, ohne dass du Kalorien zu dir nimmst. So wird auch dein Intervallfasten nicht unterbrochen.

Für den Punkt Luft gehe ich so schnell wie möglich nach draußen. Egal, ob es tiefster Winter oder wärmster Sommer ist.

Im Idealfall kann ich die gesamte Regel auf einmal erledigen. Dafür stelle ich mich im Sommer mit zwei großen Gläsern Wasser nach draußen in den Vorgarten und schaue in den Himmel. Klingt wahrscheinlich komisch, oder? Ist für mich jedoch eins der wirkungsvollsten Dinge, um morgens in den Tag zu starten – und so gut wie kostenlos!

Ich hoffe, dass ich meinen Lebenstraum, in einem warmen, sonnigen Land zu leben, in den nächsten 2 bis 3 Jahren erfüllen kann. Die LWL-Regel wird sich freuen!

Violett & Grün

Diese Regel wird dir wahrscheinlich bereits aus den Ohren raushängen, wenn du mir regelmäßig folgst, da sie aber so unglaublich lebensbereichernd ist, erwähne ich sie immer und immer wieder, damit du sie hoffentlich dein Leben lang nie mehr vergisst.

... und falls du sie nicht kennst: „Violett & Grün" steht für die Farbe der Lebensmittel, die du täglich morgens und abends zu dir nehmen darfst.

In der Regel handhabe ich es so: morgens violett, abends grün.

Violette und grüne Lebensmittel (eine ausführliche Auflistung findest du am Ende dieses Kapitels) haben unabhängig von deiner aktuellen Ernährung wahnsinnig tolle Effekte auf deine Gesundheit!

Violette Lebensmittel sind in der Regel reich an Polyphenolen, die nicht nur für deinen Darm, sondern insbesondere für dein Immunsystem, deine Zellen und deine Hautgesundheit so wertvoll sind! Polyphenole, Polyphenole, Polyphenole! Nichts eignet sich dafür besser als violette Lebensmittel.

Grüne Lebensmittel hingegen sind reich an Chlorophyll. Auch darüber haben wir bereits gesprochen. Chlorophyll ist der Superpflanzenstoff, den du in beinahe allen grünen Gemüsesorten findest, insbesondere in grünem Blattgemüse, Sprossen und Salaten! Deshalb integriere ich diese beiden Gruppen täglich! Wenn ich morgens violett und abends grün gegessen habe, war der Tag immer erfolgreicher als ohne. Mach dir das unbedingt zur festen Angewohnheit. Du tust dir damit so viel Gutes. Hier ein paar Beispiele für Violett-&-Grün-Tage.

Herbst/Winter	
Morgens	**Abends**
wilde Blaubeeren (tiefgekühlt)	Schwarzkohl, dampfgegart
Granatapfel	Erbsen und Brokkoli
Sauerkirschen (tiefgekühlt)	Grünkohl, dampfgegart
Feigen	verschiedene Blattsalate oder Rucola
grüner Smoothie mit Spinat	Rote Bete, gegart
Frühling/Sommer	
Morgens	**Abends**
Erdbeeren	Lauchzwiebeln und Petersilie, als Topping
Kirschen	Sellerie, gegart
Gurke	rote Zwiebeln, roh
rote Trauben	grüner Spargel, gebraten
Matcha-Tee	Rotkohl

Zur Gruppe der violetten Lebensmittel gehören u. a.:

- Schwarze Maulbeeren
- Kirschen
- Blaubeeren
- Açaíbeeren
- Cranberrys
- Gojibeeren
- Aroniabeeren
- Granatäpfel
- Feigen
- Zwetschgen
- Holunderbeeren
- Brombeeren
- Erdbeeren
- Himbeeren
- Rote Trauben
- Pflaumen
- Rote Zwiebeln
- Violette Süßkartoffeln
- Rote Beete
- Rotkohl
- Auberginen
- Blaue Kartoffeln
- Violetter Schnittlauch
- Violetter Kohlrabi
- Dunkle Schokolade
- Schwarzer Reis
- Schwarze Linsen
- Schwarze Bohnen
- Schwarze Oliven
- Schwarzer Kaffee

Zur Gruppe der grünen Lebensmittel gehören u. a.:

- Spinat
- Mangold
- Grünkohl
- Feldsalat
- Rucola
- Kopfsalat
- Chicorée
- Pak Choi
- Sellerie
- Wildkräuter
- Möhren-Grün
- Rote-Bete-Grün
- Brokkoli
- Spitzkohl
- Chinakohl
- Rosenkohl
- Wirsing
- Kresse
- Gurke
- Grüner Spargel
- Basilikum
- Petersilie
- Koriander
- Dill
- Lauchzwiebeln
- Matcha
- Chlorella
- Sprirulina
- Weizengras
- Gerstengras

Ernährung unterwegs

Früher – vor 7 bis 8 Jahren, als das Angebot *on the street* noch knapp war – hatte ich **immer alles** dabei. Ich erinnere mich noch gut daran, wie ich jedes Mal in Restaurants angerufen habe, wenn ich mit der Family essen war, und den Besitzer nett darum gebeten habe, ob ich nicht mein eigenes Essen mitbringen könne. Gott sei Dank war das nie ein Problem. Heute ist aufgrund der steigenden Nachfrage auch das Angebot an gesunden Gerichten und Restaurants gewachsen.

Meistens mache ich es so, dass ich im Vorfeld anbiete, das Restaurant rauszusuchen. Mittlerweile gibt es echt klasse Cafés/Delis und Restaurants mit großartigem Angebot in fast jeder deutschen Stadt.

In Düsseldorf kann ich *Laura's Deli* empfehlen, in Berlin besuche ich unglaublich gerne das *Cozys Coffee* oder *Joseph's*, die vegetarischen Gerichte sind echt toll. In Frankfurt ist *plants & cakes* ein Muss und in meiner City – Bochum – gehe ich meistes ins *Oktober Café* oder *Nährstoffreich*.

Ein Krafttraining stellt deinen Körper vor völlig andere Herausforderungen als Yoga, Laufen oder ein Schwimmtraining. Dein Körper fleht danach, dass du ihn nutzt. Täglich, in seiner ganzen Vielfalt mit genügend Ruhephasen und leichten Bewegungen wie einem Spaziergang oder dem morgendlichen Gang zum Bahnhof. Stell dir vor, du hättest in deinem ganzen Leben nur einen einzigen Job und wüsstest, dass du nie wieder einen neuen Job bekommst, wenn du diesen verlierst. Würdest du nicht alles tun, um diesen Job zu behalten? Voilà, dein Körper ist dieser Job. Du hast nur einen, tu ihm also täglich so viel Gutes, wie du nur kannst. Das Körpergefühl, das du bekommst, wenn du täglich trainierst, ohne deinen Körper zu überfordern, ist großartig! Ich habe es mir mithilfe der selektiven Disziplin zur Gewohnheit gemacht, täglich zu trainieren. Wenn dich das Konzept interessiert, hol dir gerne das Buch „Die 1% Methode". Ich bin unendlich dankbar für meinen aktuellen, gesunden Lebensstil. Viele Routinen dieses Lebensstils konnte ich nur wegen dieses Buchs aufbauen und etablieren.

Ernährungsgewohnheiten & Essenszeiten

Wenn du wissen möchtest, wie ich mich ernähre, dann brauchst du nur dieses und mein erstes Buch zu lesen. Das ist Luke Jaque-Rodney. Aktuell esse ich dreimal am Tag. Frühstück um 10:00 Uhr, Mittagessen zwischen 13:00 und 15:00 Uhr und Abendessen gegen 19:00 Uhr. Damals bin ich bereits um 16:00 Uhr ins Intervallfasten eingestiegen. Da dies meinen Schlaf und mein Gewicht jedoch nach einer Weile negativ beeinflusst hat (zu viel abgenommen), faste ich in der Regel nur noch 13 bis 15 Stunden. Ich bin da aber nicht so dogmatisch. Da der Sport alleine schon wie eine Art Autophagie für den Körper ist und ich viele Lebensmittel esse, welche die Autophagie anregen (Matcha, Kurkuma, gekeimter Hafer (wegen des Spermidins)), fühle ich mich nicht danach, 17 oder 18 Stunden nichts zu essen. Durch diese Art der Ernährung geht es mir erstaunlicherweise noch besser als vorher, ich baue schneller Muskelmasse auf und auch meine Energie ist noch etwas höher. Der Lifestyle vorher war auch großartig, aber langfristig nicht mit meinen körperlichen Bedürfnissen kompatibel.

Mittags esse ich meist nur eine Kleinigkeit, in der Regel einen Mix aus Gemüse und Hülsenfrüchten. Rote Linsen mit gegrilltem Rosenkohl, Tempeh mit dampfgegartem Grünkohl, gegarte bunte Möhren mit Kichererbsen und Tahini oder etwas Tofu mit Avocado wären ein paar Beispiele.

Vor dem Frühstück nehme ich täglich mein 100-werden-Öl, Algenöl und 2 Teelöffel von meinem Schwarzkümmelöl zu mir. Vor dem Abendessen nehme ich fast täglich 1 Esslöffel gekeimte Brokkolisamen wegen des Sulforaphans zu mir. Meine Sprossen ziehe sie mittlerweile selbst und stopfe sie mir beim Auftischen des Abendessens noch schnell in den Mund oder dekoriere unser Essen damit. Als Nachtisch esse ich gerne wilden, rohen Honig mit etwas Tahini. Die Enzyme aus dem Honig helfen, die Makronährstoffe aus der Nahrung aufzuspalten, und verbessern somit die Verdauung. Zudem schmeckt es einfach toll. Das klingt vielleicht alles sehr viel, aber vergiss nicht: All diese Routinen und das dazugehörige Wissen habe ich mir in beinahe 10 Jahren täglich aufgebaut und angeeignet. Auch du wirst deine individuelle 100-werden-Routine aufbauen und entwickeln, falls du es nicht schon getan hast.

Leben!

Ich genieße. Ich genieße alles, was ich esse und tue. Natürlich gehört da auch manchmal etwas Ungesundes dazu. Du darfst nie vergessen, am Ende des Tages kommt es nicht auf die Kleinigkeiten an. Es geht nicht darum, was du ab und zu tust, sondern um das, was du jeden Tag tust. Wenn du täglich auf deinen Körper achtest, wird es auch auf dich achten. Wenn du ihn vernachlässigst, wird er auch dich irgendwann vernachlässigen. Ich liebe gutes Essen. Dazu zählt der gegrillte Kräuterseitling mit Tahinisoße auf dem Markt genau wie wie das fluffige Sauertigbrot aus Weißmehl mit einer großzügigen Runde Olivenöl. Wenn du dich nach den 100-werden-Grundsätzen ernährst und danach lebst, tust du schon so unglaublich viel, dass du dein Glas Wein oder das nicht ganz so nährstoffreiche Essen noch umso mehr genießen kannst.

EINKAUFSRATGEBER

Luke Jaque-Rodney

Die Tabelle soll dir als Anleitung im Alltag dienen. Alle aufgeführten Kriterien entsprechen dem Optimum. Einiges ist im Supermarkt oder Bioladen schwer oder nicht zu bekommen. Setz dich nicht unter Druck, wenn du etwas nicht findest oder dir etwas nicht leisten kannst. Ich möchte dir hier nur aufzeigen, was möglich ist, wenn du das absolute Maximum rausholen willst. Jeder aber, wie er kann und mag.

Datteln	• Unbehandelt (Ohne Reismehl/Zucker/Schwefel). • Test: Dürfen im Tiefkühler nicht fest werden, ansonsten sind sie mit Zucker oder Sirup behandelt.
Olivenöl	• Kaltgepresst & *Extra Vergine*. • Frühe Ernte (dadurch reich an Polyphenolen). • Lichtgeschützte Braunglasflasche. • Fruchtiger Duft. • Bittere Note auf der Zunge. • Leichtes Kratzen im Hals.
Butter	• Optimalerweise aus Rohmilch (Optimalerweise aus A2-Milch). • Von mit Gras gefütterten Weidetieren. • Ohne Farbstoffe und Zusätze. • Beigabe von Salz ist bei Bedarf total in Ordnung.
Eier	• Güteklasse A oder „A extra". • Von Hühnern aus Weidehaltung. • Artgerechte Ernährung (schließt den natürlichen Verzehr von Würmern, Insekten, Kräutern, Blättern und Samen mit ein). • Ohne Antibiotika & Hormone.
Honig	• Lokal aus dem Gebiet, in dem du aktuell lebst (Honig von Übersee wird bei der Einlieferung behandelt; so gehen viele Nährstoffe verloren. Manuka-Honig ist die einzige Ausnahme wegen der enorm potenten Wirkungskraft). • Roh und ungefiltert. • Der höchste Grad des Honigkonsums bezieht den Verzehr der Honigwabe mit ein.
Kakao	• Vorzugsweise aus Afrika (Kakao aus Südamerika hat im Durchschnitt eine höhere Schadstoffbelastung). • Optimalerweise ungeröstet/Rohkostqualität. • Bei Schokolade mindestens 85 %.

Pasta	• Vollkorn. • Optimalerweise gekeimt. • Ballastoffanteil von mindestens 8 g / 100 g. • Bei Getreide sollte immer auf Bio geachtet werden (Getreide ist eins der am stärksten belasteten Lebensmittel).
Reis	• Vollkorn-Basmati, da im Vergleich weniger Arsen. • Roter oder schwarzer Reis ist ebenfalls zu empfehlen. • Garantiert arsenfreien Reis der Firma „ÖsterReis".
Wasser	• pH-Wert zwischen 6,5 und 7. • Hoher Elektrischer Widerstand (60.000 Ohm ist ideal). • Niedriger Trockenrückstand (um die 14 – 25 mg/l). • Mineralarm (Wasser hat eine Transportaufgabe, nicht die Aufgabe, uns mit Mineralien zu versorgen; das tun Lebensmittel deutlich effektiver). • In Glasflaschen (Plastik nur im Notfall und nicht in der Sonne stehen lassen).
Salz	• Kochsalz nicht empfehlenswert. • Ursalz / deutsches Steinsalz ist empfehlenswert. • Kalahari-Wüstensalz ist empfehlenswert. • Meersalz mit getrockneten Algen ist empfehlenswert (zur Jodversorgung).
Mehl	• Vollkorn, mindestens jedoch Typ 1050. • Wenn möglich zu Hause mahlen oder im Bioladen frisch mahlen lassen. • Optimalerweise gekeimt.
Milch & Joghurt	• Rohmilch/Rohmilch-Joghurt ist optimal. • Joghurt sollte nach Zugabe der Bakterien nicht mehr erhitzt worden sein. • Soja, Mandel- und Kokosjoghurt ungesüßt. • Schaf- & Ziegenmilchjoghurt sind wertvoller als Kuhmilchjoghurt. • Bei Kuhmilch wenn möglich aus A2-Milch. • Guernsey-Kühe & Jersey-Kühe liefern die hochwertigste A2-Milch.
Gemüse	• Tiefgekühlt ist eine gute Wahl. • Salate optimalerweise noch am Ballen kaufen. • Heimisches Gemüse und/oder aus Nachbarländern bevorzugen. • Pilze sind eine großartige Ergänzung zu Gemüse. • Ganzes Gemüse kaufen (Bereits vorgeschnittenes Gemüse eher meiden, da ein Teil der Nährstoffe sowie die entzündungshemmenden Eigenschaften verloren gehen).
Obst	• Obst aus Übersee sollte die Ausnahme sein. (Meistens wird es für den Transport unreif gepflückt, dadurch geringere Nährstoffbildung). • Heimisches Steinobst, Beeren, Kirschen & Granatäpfel sind zu bevorzugen. • Kernloses Obst sollte gemieden werden (Das ist nicht natürlich). • Ganzes Obst kaufen (Bereits vorgeschnittenes Obst eher meiden, da ein Teil der Nährstoffe sowie die entzündungshemmenden Eigenschaften verloren gehen).

* Bio-Qualität darf gerne bei allen Lebensmitteln der Standard sein.

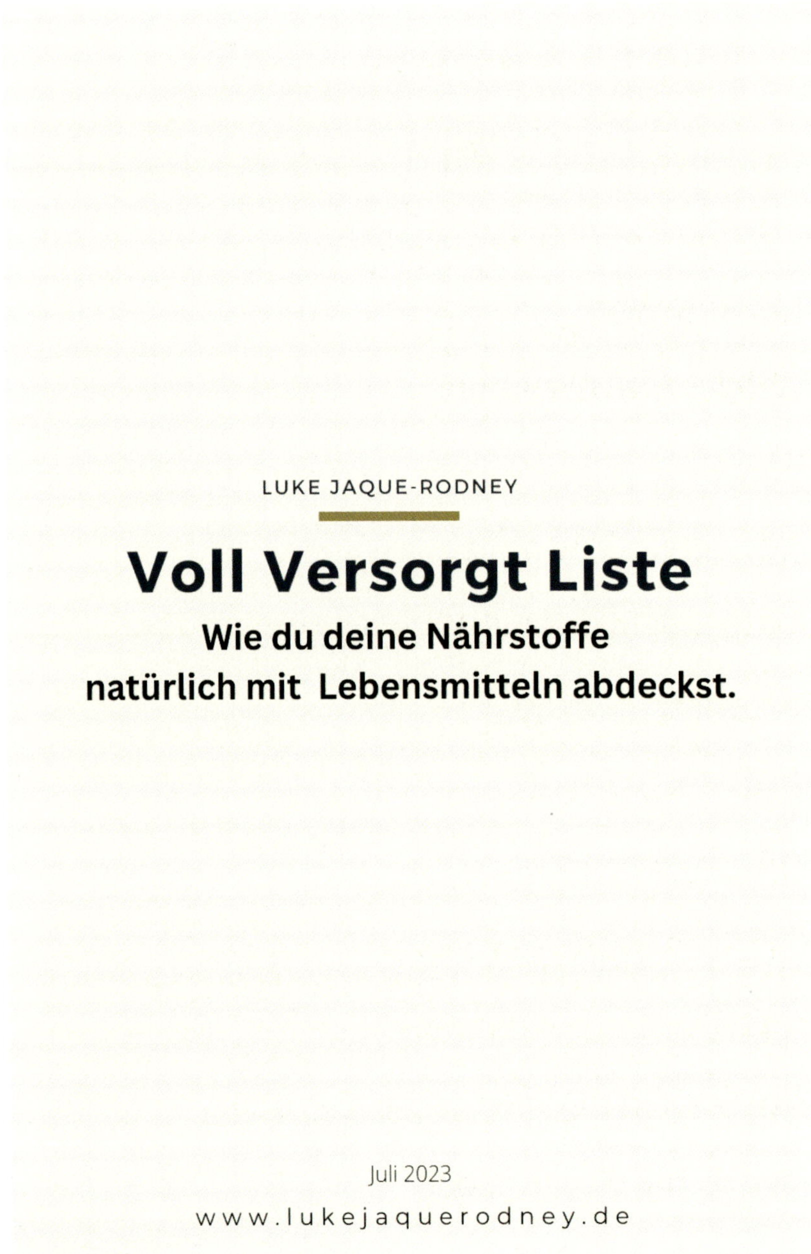

LUKE JAQUE-RODNEY

Voll Versorgt Liste

Wie du deine Nährstoffe natürlich mit Lebensmitteln abdeckst.

Juli 2023

www.lukejaquerodney.de

Die Voll-Versorgt-Liste zeigt dir an, wie du deine Nährstoffe mit ganzen und natürlichen Lebensmitteln abdeckst und welche Supplemente sinnvoll sind.

Luke's Long Life List

Luke Jaque-Rodney | 2023

- Leinsamen
- Wilde Blaubeeren
- Pilze
- Rohes Kokosmus
- Rote Zwiebeln & Knoblauch
- Intaktes Getreide
- Rohe Nussbutter
- Hülsenfrüchte
- Grünes Blattgemüse
- Rote Bete & Möhre
- Rohes Olivenöl / Roh-Kakao
- Brokkoli (Sprossen)

SCAN ME

Die LLL List findest du zum kostenlosen Download für dein Handy auf meiner Website. So hast du die Liste im Alltag immer bei dir. Einfach den QR Code mit deiner Handykamera scannen.

LUKE
JAQUE
RODNEY
Lukes
100-werden-Öl
mühlenfrisch
regional
kaltgepresst

MEINE EIGENEN PRODUKTE

Der *100werdenshop*

Im Dezember 2023 habe ich damit begonnen, meine eigenen Produkte zu produzieren. Den Anfang bildete ein 5-teiliges Ölsortiment mit kaltgepressten Ölen in Rohkostqualität, die alle 7 bis 14 Tage frisch für dich gepresst werden.

Mittlerweile haben wir unser Sortiment auf Rohkost-Nussmuse, weitere Öle und Mehle erweitert. Ich habe dabei eine Mission:

Ich möchte dir (... und ehrlich gesagt auch mir selbst) die besten Produkte aus hochwertigsten Rohwaren zur Verfügung stellen, die der Markt zu bieten hat.

Gemeinsam mit meinem Partner Timo und seiner Familie arbeiten wir kontinuierlich daran und erweitern alle 3 bis 4 Monate stetig unser Sortiment.

Viele der Produkte kannst du auch für die Rezepte aus diesem Buch verwenden.

Wir danken allen, die unsere harte Arbeit bis hierher unterstützt haben und es immer noch tun!

Hinter **jedem** einzelnen Produkt im Shop steht eine sorgfältige Auswahl. Alles, was du dort findest, konsumiere ich auch selbst.

Bei Rückfragen oder Produktwünschen schreib uns gerne einfach eine Mail an die im Shop hinterlegte E-Mail-Adresse. Wir antworten auf jede Nachricht.

Wenn du den unten stehenden QR-Code scannst, kommst du direkt zum *100werdenshop*.

Zum *100werdenshop*

Cortely
Road
ECHO PARK
FOOTBALL
83

DANKE

Ich danke dir.

Du glaubst nicht, wie viel in den letzten Jahren bei mir passiert ist. Alle meine Träume sind wahr geworden. Das alles wäre nicht passiert, gäbe es nicht dich und all die anderen, die meine Inhalte konsumieren. Danke!!

Ich danke dem Eulogia Verlag.

Ihr seid so transparent mir gegenüber und lasst mir gleichzeitig alle Freiheit der Welt. Finn, Daniel: großen Dank insbesondere an euch beide. Die Arbeit und Mühe, die ihr in mich und meine Projekte investiert, sind unglaublich.

Ich danke PUMA & MSL.

Durch unseren gemeinsamen, unvergesslichen Trip nach Asien bin ich auf das kleine Dorf Ben Tre in Vietnam gestoßen, wo ich zwischen Kokospalmen und Bananenpflanzen mein Buch wie im Rausch fertigstellen konnte. Ich werde die Zeit nie vergessen.

Ich danke Mrs. Hai.

Auch wenn du diese Zeilen wahrscheinlich nie lesen wirst: Danke, dass du mich jeden Tag mit so wundervollem, leckerem Essen bekocht hast. Ich konnte mich voll auf dieses Buch konzentrieren, während du mir mit deiner fürsorglichen, unfassbar süßen Art das beste Essen gezaubert hast. Und du hattest für mich jeden Tag eine frische, gekühlte Kokosnuss parat. Danke!

Ich danke Nom Living.

Tim. Die Arbeit, die du und dein Team in eure wunderschönen Schalen und Teller steckt, ist unvergleichbar! Viele der Food-Fotos sind mit eurem Geschirr entstanden; jedes Teil ist ein Einzelstück und mit so viel Individualität und Leidenschaft gestaltet. *I'll see you at the studio in Bethnal Green next summer.*

Ich danke Vicky.

Babe, du bist die Nummer 1. Im letzten Jahr hast du mich schon so krass unterstützt, aber wie du mich seit diesem Jahr managst, ist unglaublich. Du nimmst mir so unglaublich viel Arbeit ab und bist dabei so organisiert, klar und ruhig. Alleine, wie du unsere Buchhaltung regelst, Wahnsinn.

Ich wünsche mir niemand anderes an meiner Seite als dich. Ich bin so froh, dass ich mein Ziel erreicht habe, dir die Freiheit im Leben zu ermöglichen, die auch ich habe. Ich liebe dich.

DIE ENTSTEHUNG VON DIESEM BUCH

Vicky und ich haben gerade per Mail von Finn erfahren, dass „100 werden" den Spiegel-Bestseller-Status erreicht hat!

„100 werden" ist nun auch endlich in den Buchläden zu finden. Das war so ein unglaublich tolles Gefühl!

Die Einkäufe für die neuen Rezepte gehen wieder los. … und das in der Feigensaison: besser geht's gar nicht. Die Arbeit für „100 werden 2" beginnt.

Die ersten Food-Fotos sind entstanden. Der Schwung vom ersten Buch ist immer noch da. Die Entstehungsarbeit ist wie ein Rausch und macht unfassbar Spaß. In dieser Woche habe ich über 20 Rezepte entwickelt und fotografiert.

Da es im Herbst schon wieder früher dunkel wurde, musste ich teilweise mit künstlichem Licht arbeiten. Babou ist immer irgendwie dabei.

Das Cover habe ich wieder mit meinem besten Freund Marius geschossen, diesmal in der Küche.

Das war eins der ersten Testbilder, um zu schauen, ob das Licht passt.

Hier war ich mit PUMA auf dem Weg nach Asien und habe angefangen, den Theorieteil zu schreiben. Es war das Kapitel „Gesunder Darm: 3 Bausteine eines gesunden Mikrobioms". Ich saß im Flieger nach Bangladesh.

Hier habe ich mit Crossbie und Flo auf unseren Flug nach Vietnam gewartet und in der Nacht noch etwas geschrieben. Nicht die produktivste Zeit, aber ich kam voran.

„100 werden" ist (fast) fertig! Was für eine intensive Zeit hier in Ben Tre. Es fehlt nur noch das Kapitel „Leaky Gut", aber das schreibe ich ganz in Ruhe in Deutschland in meinem Lieblingscafé, dem Okotober. Mann, ich bin echt erschöpft. Aber ich kenne mich, es wird sicher noch etwas dazukommen.

Hier habe ich im strömenden Regen eines der letzten Rezepte abfotografiert: mein Lieblings-Grünkohlrezept. Ich wollte es unbedingt draußen auf dem Hocker fotografieren; da führte kein Weg dran vorbei.

Jetzt aber wirklich. Das allerallerletzte Rezept für das Buch wurde geshootet, das Kakao-Nuss-Granola. Mann, war das lecker. Dannach habe ich mir einfach nur eine große Bowl mit Joghurt, Granola, Tahini und Trauben gemacht. Tolles Gefühl.

Die letzte Nacht vor dem Release meines 100werden-Onlineshops! Das waren toughe Nächte, jedes Mal bis 1 Uhr wach gewesen und die Websites fertig gemacht. Vicky war zu der Zeit in Paris. Ich war so aufgeregt und habe gehofft, dass alles gut geht.

Der erste Morgen nach dem Release meines Onlineshops. Ich bin aufgestanden und habe ***sofort*** *meinen Shopify-Account gecheckt, ach Mann Es macht einfach so Spaß, wieder von 0 anzufangen. 10 Bestellungen, Hammer!*

„100 werden 2" ist fertig! Das letzte Kapitel zum Thema Immunsystem ist auf Papier. An diesem Abend bin ich nach Berlin gefahren und drei Tage später ging es nach Miami. Ich bin war so losgelöst in diesem Moment. Am Abend habe ich Finn alle Dateien zugeschickt; jetzt geht's ins Lekorat und in die Formatierung. 3. Dezember 2023.

BEZUGSQUELLEN

Eine ständig von mir aktualisierte Liste meiner Bezugsquellen findest du, wenn du diesen QR-Code mit deiner Handykamera scannst.

SCAN ME

MEINE ARBEIT AUF SOCIAL MEDIA

Auf Social Media poste ich täglich zum Thema Ernährung und einem bewussten gesunden Lebensstil.

Die Links zu meinen Kanälen findest du unter den jeweiligen QR-Codes.

SCAN ME	SCAN ME	SCAN ME	SCAN ME
Instagram	YouTube	TikTok	www

QUELLEN

1 Gilbert u. a., „Current understanding of the human microbiome".

2 Benedict u. a., „Gut Microbiota and Glucometabolic Alterations in Response to Recurrent Partial Sleep Deprivation in Normal-Weight Young Individuals".

3 Krajmalnik-Brown u. a., „Effects of Gut Microbes on Nutrient Absorption and Energy Regulation".

4 Cook u. a., „Exercise and Gut Immune Function".

5 Gilbert u. a., „Current understanding of the human microbiome".

6 Calado u. a., „The Effect of Flaxseed in Breast Cancer".

7 Chung, Lei, und Li-Chan, „Isolation and Structural Characterization of the Major Protein Fraction from NorMan Flaxseed (Linum Usitatissimum L.)".

8 Kristensen u. a., „Flaxseed dietary fibers lower cholesterol and increase fecal fat excretion, but magnitude of effect depend on food type".

9 Tarpila, Wennberg, und Tarpila, „Flaxseed as a functional food".

10 „Flaxseed supplementation on glucose control and insulin sensitivity: a systematic review and meta-analysis of 25 randomized, placebo-controlled trials – PubMed".

11 Kajla, Sharma, und Sood, „Flaxseed—a potential functional food source".

12 Oomah und Mazza, „Compositional changes during commercial processing of flaxseed".

13 „Das Wegzüchten der Bitterstoffe hat seinen Preis – für Gesundheit und Ökologie".

14 Das u. a., „Glucosinolates and Omega-3 Fatty Acids from Mustard Seeds".

15 Rezaie u. a., „Effects of Bitter Substances on GI Function, Energy Intake and Glycaemia-Do Preclinical Findings Translate to Outcomes in Humans?"

16 Dandawate u. a., „Bitter Melon".

17 Chiu u. a., „Triterpenoids and Polysaccharide Peptides-Enriched Ganoderma Lucidum".

18 Fang u. a., „Emerging Antitumor Activities of the Bitter Melon (Momordica Charantia)".

19 Chen u. a., „Triterpenoid herbal saponins enhance beneficial bacteria, decrease sulfate-reducing bacteria, modulate inflammatory intestinal microenvironment and exert cancer preventive effects in ApcMin/+ mice".

20 Fuangchan u. a., „Hypoglycemic Effect of Bitter Melon Compared with Metformin in Newly Diagnosed Type 2 Diabetes Patients".

21 Gammone u. a., „Impact of Chocolate on the Cardiovascular Health".

22 Sorrenti u. a., „Cocoa Polyphenols and Gut Microbiota Interplay".

23 Andújar u. a., „Cocoa Polyphenols and Their Potential Benefits for Human Health".

24 Sorrenti u. a., „Cocoa Polyphenols and Gut Microbiota Interplay".

85 „Bristol Stool Scale".

86 Depommier u. a., „Supplementation with Akkermansia muciniphila in overweight and obese human volunteers".

87 Davis, Super gut.

88 Scarpellini u. a., „High Dosage Rifaximin for the Treatment of Small Intestinal Bacterial Overgrowth".

89 Pimentel u. a., „ACG Clinical Guideline".

90 Asp, „Classification and Methodology of Food Carbohydrates as Related to Nutritional Effects".

91 Barrett und GIbson, „Clinical Ramifications of Malabsorption of Fructose and Other Short-chain Carbohydrates".

92 Dhingra u. a., „Dietary Fibre in Foods".

93 „The influence of a preserved colon on the absorption of medium chain fat in patients with small bowel resection - PubMed".

94 „SIBO: «small intestinal bacterial overgrowth» - Swiss Medical Forum".

95 Zhou u. a., „Deep-Fried Oil Consumption in Rats Impairs Glycerolipid Metabolism, Gut Histology and Microbiota Structure".

96 Qi, „Fried Foods, Gut Microbiota, and Glucose Metabolism".

97 Engen u. a., „The Gastrointestinal Microbiome".

98 Elamin u. a., „Effects of Ethanol and Acetaldehyde on Tight Junction Integrity".

99 Conlon und Bird, „The Impact of Diet and Lifestyle on Gut Microbiota and Human Health".

100 Softic u. a., „Fructose and Hepatic Insulin Resistance".

101 Tagliamonte u. a., „Milk protein digestion and the gut microbiome influence gastrointestinal discomfort after cow milk consumption in healthy subjects".

102 „Your Gut Bacteria".

103 Shi, „Gut Microbiota".

104 „Ultra-processed foods: how bad are they for your health? - BHF".

105 Davis, Super gut.

106 Robert Koch-Institut, „Vitamin-D-Status von Erwachsenen in Deutschland".

107 Bellerba u. a., „The Association between Vitamin D and Gut Microbiota".

108 Holick, „VITAMIN D".

109 Pan u. a., „Vitamin D status among women aged 40 years and above in a rural area of West Bengal".

110 Lallès, „Recent Advances in Intestinal Alkaline Phosphatase, Inflammation, and Nutrition".

111 „Green leafy vegetables in diets with a 25:1 omega-6/omega-3 fatty acid ratio modify the erythrocyte fatty acid profile of spontaneously hypertensive rats - PMC".

112 Roussel u. a., „Short-term supplementation with ω-3 polyunsaturated fatty acids modulates primarily mucolytic species from the gut luminal mucin niche in a human fermentation system".

113 Elagizi u. a., „An Update on Omega-3 Polyunsaturated Fatty Acids and Cardiovascular Health".

114 Jiang u. a., „Dietary Omega-3 Polyunsaturated Fatty Acids and Fish Intake and Risk of Age-Related Macular Degeneration", 3.

115 Zou u. a., „Maternal Polyunsaturated Fatty Acids during Pregnancy and Offspring Brain Development in Childhood".

116 Parke u. a., „Diet and Skin Barrier".

117 Duarte-García u. a., „Effect of Omega-3 Fatty Acids on Systemic Lupus Erythematosus Disease Activity", 3.

118 Xia u. a., „Olive oil consumption and risk of cardiovascular disease and all-cause mortality".

119 „The Oleic/Linoleic Acid Ratio in Olive (Olea europaea L.) Fruit Mesocarp Is Mainly Controlled by OeFAD2-2 and OeFAD2-5 Genes Together With the Different Specificity of Extraplastidial Acyltransferase Enzymes - PMC".

120 Arangia u. a., „Hydroxytyrosol and Its Potential Uses on Intestinal and Gastrointestinal Disease".

121 Farràs u. a., „Modulation of the Gut Microbiota by Olive Oil Phenolic Compounds".

122 Hasani u. a., „The Role of Akkermansia Muciniphila in Obesity, Diabetes and Atherosclerosis".

123 Shi u. a., „Pasteurized Akkermansia muciniphila Ameliorate the LPS-Induced Intestinal Barrier Dysfunction via Modulating AMPK and NF-κB through TLR2 in Caco-2 Cells".

124 Abuqwider, Mauriello, und Altamimi, „Akkermansia muciniphila, a New Generation of Beneficial Microbiota in Modulating Obesity".

125 Depommier u. a., „Supplementation with Akkermansia Muciniphila in Overweight and Obese Human Volunteers".

126 „Soy-Based Tempeh Rich in Paraprobiotics Properties as Functional Sports Food: More Than a Protein Source - PMC".

127 Anhê u. a., „Triggering Akkermansia with dietary polyphenols".

128 Régnier u. a., „Rhubarb Supplementation Prevents Diet-Induced Obesity and Diabetes in Association with Increased Akkermansia Muciniphila in Mice".

129 „Laboratory Medicine Entries Archiv".

130 Deutsche Gesellschaft und für Ernährung e.V., „Magnesium. Wozu brauchen wir Magnesium?".

131 Schimatschek und Rempis, „Prevalence of Hypomagnesemia in an Unselected German Population of 16,000 Individuals".

132 Werner u. a., „Assessment of Bioavailability of Mg from Mg Citrate and Mg Oxide by Measuring Urinary Excretion in Mg-Saturated Subjects".

133 Devi, Kushwaha, und Kumar, „Sprouting characteristics and associated changes in nutritional composition of cowpea (Vigna unguiculata)".

134 Vidal-Valverde u. a., „Effect of Processing on Some Antinutritional Factors of Lentils".

135 „Higher spermidine intake is linked to lower mortality: a prospective population-based study – PubMed".

136 Zoumas-Morse u. a., „Development of a Polyamine Database for Assessing Dietary Intake".

137 Madeo u. a., „Spermidine in Health and Disease".

138 Ali u. a., „Polyamines".

139 Greger, *How not to age*.

140 Pruimboom und de Punder, „The opioid effects of gluten exorphins".

141 Di Cagno u. a., „Sourdough Bread Made from Wheat and Nontoxic Flours and Started with Selected Lactobacilli Is Tolerated in Celiac Sprue Patients".

142 Di Cagno u. a., „Gluten-Free Sourdough Wheat Baked Goods Appear Safe for Young Celiac Patients".

143 Aparicio-García u. a., „Sprouted Oat as a Potential Gluten-Free Ingredient with Enhanced Nutritional and Bioactive Properties".

144 Tuck u. a., „Fermentable Short Chain Carbohydrate (FODMAP) Content of Common Plant-Based Foods and Processed Foods Suitable for Vegetarian- and Vegan-Based Eating Patterns".

145 „FODMAP Food List".

Ein weiteres Buch von Luke Jaque-Rodney

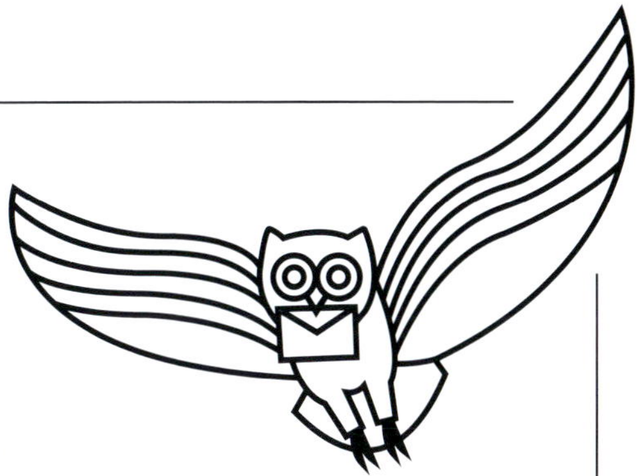

Liebe Leserin, lieber Leser,

hat Ihnen dieses Buch gefallen?
Ihr Feedback, Ihre Anregungen und Ihre Kritik bedeuten uns viel, denn sie helfen uns, unsere Bücher kontinuierlich zu verbessern.

Die Meinung und Zufriedenheit unserer geschätzten Leserinnen und Leser stehen im Mittelpunkt unseres Schaffens. Ihre Gedanken sind uns wichtig.

Zögern Sie daher nicht, uns zu kontaktieren und Ihre Gedanken mit uns zu teilen. Senden Sie uns einfach eine E-Mail an:
feedback@eulogiaverlag.de

Besuchen Sie auch gern unsere Verlagsseite und entdecken Sie weitere spannende Bücher unter:
www.eulogiaverlag.de

Wir sind gespannt auf Ihre Nachricht und freuen uns darauf, von Ihnen zu hören!

Herzlichst
Ihr **Eulogia Verlag**